JN197525

サラリーマンと
事業者のための逃税スキーム

消費税を払う奴はバカ!

大村大次郎
元国税調査官

ビジネス社

はじめに

「消費税は公平な税金」

「少子高齢化対策のために消費税の増税は不可欠」

そう思っている方も多いだろう。

しかし消費税の本当の仕組みを知れば、決して公平な税金ではないことがわかる。というより、消費税というのは、先進国ではあり得ないような**最悪の不公正な税金**なのである。

またこれまで消費税は、社会保障費などにはほとんど使われていない。消費税のほとんどは、高額所得者と大企業の減税の穴埋めに使われてきたのである。

そして詳しくは本文で述べるが、消費税の存在が日本に格差をもたらし、少子高齢化の速度を早めさせてきたのだ。

「消費税を納めれば納めるほど国は悪くなる」

筆者はそう断言できる。

また本書を読了した皆様は、必ずやそれに同意してくれるはずだ。

本書は、「消費税がいかに欠陥だらけの税金であるか」を紹介している部分と、「消費税を払わないためのノウハウ」を紹介している部分がある。

また「消費税を払わないためのノウハウ」については、一般の人向けのノウハウと、事業者向けのノウハウがある。

「消費税の欠陥」を紹介している部分は、第1章と第7章である。「消費税を払わないためのノウハウ」の事業者向けの部分は3章である。第2章、第4章、第5章、第6章は、すべての人に向けた「消費税を払わないためのノウハウ」となっている。

これらの中には読者によっては「自分には関係ない部分」「興味がない部分」もあると思われる。それは読み飛ばしていただいて、全然構わない。

どの章から読んでも、意味のある情報が積み込まれていると自負しており、またどんな形でもいいから消費税に興味を持ってほしいというのが本書の趣旨でもあるので、あなたが興味をもった部分だけをかいつまんで読んでくだされぱいいと筆者は考えている。

2019年　　著者

第2章 消費税を払わないで買い物をする方法

第5章 海外移住という選択肢

第6章 できるだけ消費税を払わない方法

第7章 我々の税金と社会保険料が横領されている

第1章

消費税は史上最悪の税金

消費税は社会保障費には使われていない！

２０１９年10月に、消費税を10％に引き上げることが決まっている。

しかも現在、国民の半数は消費税の増税は仕方ないと思っている。

「日本は深刻な少子高齢化社会を迎え、社会保障費が増大しているので、消費税の増税は不可欠」

と思い込んでいるようなのだ。

おそらく財務省や政治家たちが、この30年ずっとそう喧伝してきたので、信じ込んでしまったのだろう。

が、この喧伝は**まったくのデタラメ**である。

まず、消費税は社会保障費にはほとんど使われていない。そのほとんどが大企業や高額所得者の減税の穴埋めに使われたのだ。

その明確な証拠をまず提示したい。

消費税が導入されたのは１９８９年のことである。

その直後に法人税と所得税が下げられた。

また消費税が３％から５％に引き上げられたのは、１９９７年のことである。そして、その直後にも法人税と所得税はあいついで下げられた。

そして法人税の減税の対象となったのは**大企業**であり、また所得税の減税の対象となったのは、**高額所得者**だった。

所得税の税収は、１９９１年には26・7兆円以上あった。

しかし、２０１８年には19兆円になっている。

法人税は１９８９年には19兆円あった。しかし、２０１８年には12兆円になっている。

つまり、所得税と法人税の税収は、この30年の間に、14・7兆円も減っているのだ。

一方、現在の消費税の税収は17・6兆円である。

つまり、消費税の税収の大半は、**所得税と法人税の減税分の穴埋め**で使われているのだ。消費税によって、新たに使えるようになった財源は、わずか3兆円に過ぎないのだ。

これは別に私が特別な資料をつかんで発見した事実などではない。国が公表している、誰もが確認することのできるデータから、それが明確にわかるのだ。

また「法人税や高額所得者の税金が他の先進国に比べて高いので、下げられるのは当たり前だ」と思っている人もいるかもしれない。

しかし、「法人税や高額所得者の税金が他の先進国に比べて高い」というのもウソである。その証拠は本書でおいおい明らかにしていきたい。

消費税は「低所得者ほど負担が大きくなる」

消費税の増税は、税金を少しでもかじったものから見れば、非常に危ないといえる。経済学者などでも税金が専門の人や、税金をよく知っている人ほど、消費税に反対されている方が多い。

詳しくは後述するが、日本の消費税は、**経済を停滞させ、格差社会を助長する最悪の税金**である。

実際に、消費税が導入された以降の日本経済を見れば、それは一目瞭然である。消費税が導入されて以降、日本経済は輸出など決して悪くなかったのに、消費は冷えつづけ、深刻な**格差社会、デフレ**となってしまった。

消費税の欠点というのは、なかなかわかりにくい。新聞やテレビなんかでも、消費税のデメリットをちゃんと伝えるということは、ほとんどない。

消費税のどこが悪いかというと、まず最大のものは「**逆進性**」である。

「消費税の逆進性」は、時々マスコミで取り上げられることもある（きちんと取り扱っていることはほとんどないが）。

逆進性というのは、所得が多くなるほど、税負担が軽くなるという意味である。

日本の税金は、基本は累進課税が敷かれている。累進課税とは、収入が多い人ほど、税負担割合が増える仕組みのことである。

でも、消費税はその逆になっているわけだ。

「消費税は、一律なんだから、負担割合は一緒じゃないか」

と思う人もいるかもしれない。

しかし、それは違う。

たとえば、年収が1億円の人がいたとする。

この人の消費が年間2000万円だったとしよう。

2000万円でも、普通の人に比べれば相当贅沢（ぜいたく）な暮らしができるはずだ。残りの8000万円は貯金したり、投資に回したりするわけだ。すると、この人が払っている消費税は、2000万円×8％で160万円である。

1億円の収入があって、支払っている消費税は160万円。ということは、この人が、収入に対して負担している消費税の割合というのは、1億円分の160万円なので、**1・6%**ということになる。

また一方、年収200万円の人がいたとする。

年収200万円の場合、貯金する余裕はないので、収入のほとんどが消費に向かうはずだ。だから消費額は200万円となる。となると、この人が、収入に対して負担している消費税の割合というのは**8%**ということになる。

年収1億円の人の税負担が1・6%で、年収200万円の人の税負担が8%。収入が低いほど、負担が大きくなるのだ。

累進課税とはまったく逆、つまり「逆進税」というわけである。

これは、屁理屈でもなんでもない。

たとえば、もし所得税で同じような税率構成にしていたら、国民は非常に怒るはずである。

もし所得税が年収200万円の人の税率が8%で、年収1億円の人の税率が1・6%だったら、国民は激怒し、政府は転覆するだろう。**革命さえ起きるかもしれない**。

でも、それと実質的にまったく同じことをやっているのが消費税なのである。

消費税というのは、自分が直接払うものじゃなくて、モノを買うときに払う〝間接税〟

消費税の逆進性とは

年収1億円の人（消費は2000万円）	年収200万円の人（消費は200万円）
支払う消費税額 160万円	支払う消費税額 16万円
収入に対する消費税負担割合 1.6%	収入に対する消費税負担割合 8%

である。ワンクッションあるから、国民はその現実に気付かないのだ。

「消費税を払いたくなければ、消費しなければいい」という人もいる。

でも、それこそ**意地悪で現実離れ**した話である。

人は消費しなくては生きていけない。

そして、所得が低い人ほど、「消費をしない」という選択肢がない。貯金をする余裕がないから、必然的に収入のほとんどが消費に充てられるわけだ。貯金という逃げ道のない人を狙(ねら)ってかける税金、それが消費税なのである。

税金には本来、所得の再分配の機能がある。

所得の高い人から多くの税金を取り、所得の少ない人に分配する、という機能である。経済社会の中で生じたさまざまな矛盾を、それで是正しようということだ。

でも消費税は、所得の再分配と、まったく逆の機能となっている。

もし消費税が税収の柱になっていけば、お金持ちはどんどん金持ちになって、貧乏人はどんどん貧乏人になる。

これは、単なる理論的なことだけではない。

実際、「格差社会」という言葉が使われはじめたのは、消費税が導入されてからである。

消費税と格差社会は、時代的にまったくリンクしているのだ。

消費税が導入される前は、日本は一億総中流社会と言われていた。

国民全部が、自分たちのことを中流階級だと思っていたわけだ。つまり貧しい人がいなかったということだ。

格差が広がったのは、消費税が導入されてからなのである。

格差社会には、いろんな要因があるので、消費税だけのせいではないけれど、一つの大きな要因であることは間違いないのだ。

「日本の消費税は安い」という詭弁

こんなに悪い税金の消費税だが、なぜ増税するのか？　なぜ反対意見がでないのか？

みなさんは、こういうことを聞かれたことがあるはずだ。

「日本は他の先進国に比べれば、消費税が非常に安い。だから、増税するとしたら、消費税だ」と。

政治家、官僚、経済評論家、マスコミ、いつもは国の悪口ばかりを言っている朝日新聞なども、みんな、これを最大の理由にしている。

しかし、この主張には実は**大きな欠陥**があるのだ。

というのもヨーロッパの先進国の消費税と、日本の消費税というのは、その中身がまったく違うのである。

同じように間接税ではあるが、両者はまるで違うものなのだ。

消費税の最大の欠点というのは、前述したように「低所得者ほど負担が大きくなる」ということである。

ヨーロッパの先進国は、間接税の税率は高いが、低所得者に対する配慮が行き届いている。

ヨーロッパでは、低所得者に対してさまざまな補助制度がある。

イギリスでは生活保護を含めた低所得者の支援額はGDPの4％程度である。フランス、ドイツも2％程度ある。

が、**日本では0・4%程度**なのだ。

当然、低所得者の生活状況はまったく違ってくる。

日本では、低所得者の所得援助というと「生活保護」くらいしかない。しかも受給するためのハードルが高く、本当に生活に困っている人でもなかなか受けられるものではない。

日本では、生活保護基準以下で暮らしている人たちのうちで、実際に生活保護を受けている人がどのくらいいるかという「生活保護捕捉率」は、だいたい20%程度とされている。

生活保護というと不正受給ばかりが取り沙汰されるが、本当は**「生活保護の不受給」**のほうがはるかに大きな問題なのだ。

一方、イギリス、フランス、ドイツなどの先進国では、要保護世帯の70~80%が、なんらかの所得支援を受けている。

日本の社会保障は後進国並み

まず皆さんに認識していただきたいのは、ヨーロッパの先進国と日本では**「社会保障」**が全然違うということである。

日本人の多くは、「日本は社会保障が充実している」「少なくとも先進国並みの水準にはある」と思っている。

しかし、これは大きな間違いなのだ。

日本の社会保障は、先進国に比べると**お粗末の一言**につきるのだ。

わかりやすい例を言うと、日本では１９９０年代の後半から２０１０年代にかけて自殺率が激増した。この時期というのは、バブル崩壊の影響が深刻化し、また世界的なＩＴバブルの崩壊やリーマンショックなどが重なり企業が軒並みリストラを行っていた。

つまりは、不景気の影響で路頭に迷う人が増え、その結果、自殺者が激増したのである。

この時期の日本の自殺率は、世界的に見ても非常に高いものだった。

ＷＨＯの２００９年の発表では、日本は調査対象国１０３か国のうち第6位だったのである。世界で6番目に自殺率が高いということは、**世界で6番目に生きる希望がない国**ということである。

しかも日本より上位の5か国というのは、ロシアをはじめとする旧社会主義国だった。当時彼らは、体制の崩壊で社会が混乱していたので、自殺が多かったのである。そういう国家体制が崩れているような大混乱している国々と同じくらいに、日本は自殺率が高かったのである。

現在は、若干自殺率は落ち着いているが、先進諸国よりはまだかなり高い。

しかし、日本は昔からこれほど自殺率が高かったわけではない。

1995年の時点では、人口10万人あたりの自殺は17人程度で、先進国の中では普通の水準だった。フランスなどは日本よりも高かったのだ。

しかし90年代後半から日本の自殺率は急上昇し、他の先進国を大きく引き離すことになった。日本の自殺率を押し上げたのは、**中高年男性の自殺の急増**である。90年代後半からリストラが激しくなり、中高年男性の失業が急激に増えた。日本の自殺の急増は、リストラが大きな要因といえるのだ。

日本とはまったく違う欧州先進国の社会保障

一方、他の先進国はどうかというと、90年代の初頭までは、フランス、ドイツなどは日本よりも自殺率が高かった（イギリスは、以前からかなり低かった）。が、これらの国は、自殺率は漸減しており、今では日本よりもかなり低いのである。

ヨーロッパの先進国も、世界的なＩＴバブルの崩壊やリーマンショックを経験している。当然、たくさんの企業が倒産したり、リストラも行われた。むしろ日本よりも経済的に脆（ぜい）

弱な国が多いので、不景気の影響はより大きかったはずだ。

しかし、日本以外の先進国はどこも不景気で自殺率が跳ね上がったりはしない。

なぜならば、社会保障システムがしっかりしているので、日本のように景気が悪くなったからといって路頭に迷う人が増えるわけではないからだ。

欧米の先進国では、生活に困る人が出ないような社会保障システムができ上がっている。

失業者のいる家庭には、失業扶助制度というものがあり、失業保険が切れた人や、失業保険に加入していなかった人の生活費が補助される。

この制度は、イギリス、フランス、ドイツ、スペイン、スウェーデンなどが採用している。

たとえばドイツでは、失業手当と生活保護が連動しており、失業手当をもらえる期間は最長24か月だが、もしそれでも職が見つからなければ、社会扶助（生活保護のようなもの）が受けられるようになっている。

また、18歳未満の子供を持つ家庭には別途の手当が支給されるし、公共職業安定所では、扶養家族がいるものを優先するなどの配慮がされている。

他の先進諸国でも、失業手当の支給が切れてもなお職が得られない者は、失業手当とは切り離した政府からの給付が受けられる制度を持っている。

だから、不景気になったり、リストラの嵐が吹き荒れても、国民は路頭に迷うことがないのだ。

日本の場合はどうかというと、これが同じ先進国かと思うほど情けない状態なのである。日本ではそれなりに高い失業保険（雇用保険）を払わされているにもかかわらず、給付を受けられる期間は非常に短いし、支給期間内に職が見つからなければ、その後は何の保障もない。

20年勤務した40代のサラリーマンが、会社の倒産で失職した場合、失業保険がもらえる期間というのは、**わずか1年足らず**である。今の時代、職を失った40代の人の職が、そう簡単に見つかるものではない。なのに、たった1年の保障しか受けられないのだ。

そして、生活保護はさまざまな面でハードルが高く、そう簡単に受けられるものではない。

だから日本では失業はそのまま無収入となり、たちまち路頭に迷う、ということにつながるのである。

それが日本では「不景気になると自殺率が激増」という事態を生んでいるのだ。

そして現在、自殺率が減少していることは、日本経済が好転していることを指しているわけではない。90年代から２０１０年代にかけて、本当に苦しい人はすでに自殺してしまった。つまり、自殺することで本当に経済的に苦しい人が減ったために、数値としての自殺率は下がっているという面もあるのだ。

もし何か不景気の波が来れば、また**日本の自殺率は跳ね上がる**はずだ。

先進国では、失業以外の社会保障も充実している。

片親の家庭が、現金給付、食費補助、住宅給付、健康保険給付、給食給付などを受けられる制度も普通にある。

貧困老人に対するケアも充実している。

たとえばドイツでは年金額が低い（もしくはもらえない）老人に対しては、社会扶助という形でケアされることになっている。

フランスでも、年金がもらえないような高齢者には、平均賃金の３割の所得を保障する制度があり、イギリスにも同様の制度がある。

さらに住宅支援も充実している。

フランスでは全世帯の23％が国から住宅の補助を受けている。その額は、１兆８０００億円である。

またイギリスでも全世帯の18%が住宅補助を受けている。その額、2兆6000億円である。

日本では、住宅支援は公営住宅くらいしかなく、その数も**全世帯の4%**に過ぎない。支出される国の費用は、わずか2000~3000億円程度である。先進諸国の1~2割に過ぎないのだ。

ヨーロッパでは食料品は無税が多い

ヨーロッパ諸国では、消費税（間接税）の軽減税率も細やかな配慮がある。

日本でも、今回2019年10月の増税からは、軽減税率が適用されることになっているが、軽減税率といっても8%に据え置かれるだけだから、たった2%の軽減しかない。

しかしイギリス、フランスなどでは、軽減税率が細かく設定され、食料品や生活必需品は極端に税率が低いなどの配慮がされている。

イギリス、フランスの付加価値税の主な軽減税率は次の通りである。

このように、ヨーロッパ諸国は低所得者に手厚い配慮をした上での「**高い消費税**」なの

イギリスの付加価値税の税率

標準税率20%	
軽減税率 5%	家庭用燃料・電力の供給、高齢者・低所得者を対象とした暖房設備・防犯用品等、チャイルドシート、避妊用品など
非課税	食料品（贅沢品以外）、上下水道、出版物（書籍・新聞･雑誌）、運賃、処方に基づく医薬品、医療用品、子ども用の衣料・靴、女性用衛生用品など

フランスの付加価値税の税率

標準税率20%	
軽減税率 10%	惣菜、レストランの食事、宿泊費、旅費、博物館などの入場料
軽減税率 5.5%	水、非アルコール飲料、食品（菓子、チョコレート、マーガリン、キャビアを除く）、書籍、演劇やコンサート料金、映画館入場料
軽減税率 2.1%	演劇やコンサートの初演（140回目まで）、処方のある医薬品、雑誌や新聞
非課税	医療、学校教育、印紙や郵便切手

である。

が、日本では低所得者の配慮などほとんど行わないまま、消費税だけをガンガン上げていこうとしているのだ。

最近、国際機関から「日本の貧困率、貧富の格差は先進国で最悪のレベル」という発表が時々される。

それは、こういう日本の政治のお粗末さが数値としてはっきり表れているのだ。

主要国の消費税率

国名	消費税率（%）	食料品の消費税率（%）
イギリス	20	0
フランス	20	5.5
イタリア	22	4〜10
ドイツ	19	7
スペイン	21	4〜10
スイス	7.7	2.5
ノルウェー	25	15
スウェーデン	25	12
アメリカ	0〜10（州別）	0
日本	10	8

少子高齢化も政治のお粗末さが原因

「日本の場合は深刻な少子高齢化社会になっているので、イギリス、フランス、ドイツなどとは状況が違う」

と思っている人もいるかもしれない。

が、この見方も誤っている。

実は少子化という現象は、日本だけのものではない。

むしろ、欧米のほうが先に少子化になっていたのだ。日本の少子化というのは1970年代後半から始まった。一方、欧米では1970年代前半から少子化が始まっていた。

そして1975年くらいまでは、欧米の方が日本よりも出生率は低かったのだ。

１９７5年の時点で、日本の出生率はまだ2を少し上回っていた。フランスは日本より若干高いくらいだったが、イギリスもアメリカもドイツも日本より低く、すでに出生率が2を下回っていた。

つまり、40年以上前から少子高齢化というのは、**先進国共通の悩み**だったのだ。が、この40年の間、欧米諸国は子育て環境を整えることなどで、少子化の進行を食い止めてきた。

フランス、イギリス、アメリカは、大きく出生率が下がることはなく、現在は出生率は2に近くなっている。

一方、日本は70年代から急激に出生率が下がり続け、現在は1・4にまで低下している。

もちろん、出生率が2に近いのと、1・4とでは、少子高齢化のスピードがまったく違う。

だから、欧米諸国は日本ほど深刻な少子高齢化にはなっていない。

一方、日本では、待機児童問題が20年以上も解決されないなど、少子化対策をまったくおざなりにしてきた。そのために、１９７０年代から出生率はどんどん下がり続け、現在、**深刻な少子高齢化社会**となっているのだ。

これを見ても、日本の政治がいかに愚(おろ)かかわかるはずだ。

しかも日本はこの間に、莫大な財政赤字を貯め込んでいる。そのお金は何に使われたのかというと、詳しくは後述するが、本州と四国の間に3本も橋を架けたり、各都道府県に空港をつくったり、新幹線を各地に張りめぐらしたりして巨額の公共事業に充てられていたわけだ。

こういう愚かな日本の政治状況を、何の改革もせずに、ただただ消費税を上げるだけでは、**日本は完全に壊れてしまう**はずだ。

消費税は子育て世代がもっとも負担が大きい

また何より消費税が悪なのは「消費税は子育て世代がもっとも負担が大きい」ということである。

前述したように消費税というのは、収入における消費割合が高い人ほど、負担率は大きくなる。

そして人生のうちでもっとも消費が大きい時期というのは、大半の人が「子供を育てている時期」のはずだ。そういう人たちは、必然的に収入に対する消費割合は高くなる。

ということは、子育て世代や所得の低い人たちが、収入に対する**消費税の負担割合がもっとも高い**ということになるのだ。

子育て世帯に対しては、「児童手当を支給しているので負担は軽くなったはず」と主張する識者もいる。

しかし、この論もまったくの詭弁(きべん)である。

児童手当というのは、だいたい一人あたり月1万円、年にして12万円程度だ。

その一方で、児童手当を受けている子供は、税金の扶養控除が受けられない。そのため、平均的なサラリーマンで、だいたい5～6万円の所得税増税となる。

それを差し引くと6～7万円にしかならない。つまり、児童手当の実質的な支給額というのは、だいたい年間6～7万円しかないのだ。

しかも、子育て世代には、消費税が重くのしかかる。

子供一人にかかる養育費というのは、年間200万円くらいは必要である。

食費やおやつ、洋服代、学用品などの必需品だけでも平均で200万円くらいにはなる。ちょっと遊びに行ったり、ちょっとした習い事などをすれば、すぐに200～300万円になる。

子供の養育費が200万円だとしても、負担する消費税額は16万円である。

児童手当では、まったく足りないのだ。

つまり子育て世代にとって、**児童手当よりも増税額のほうがはるかに大きい**のである。

少子高齢化を食い止めるためには、子育てがしやすいように「支給」しなければならないはずなのに、むしろ「**搾取**（さくしゅ）」しているのだ。

日本の消費税は実質的に世界一高い

また「日本の消費税はヨーロッパに比べればまだ安い論」には、もう一つ大きな欠陥がある。

それは、「物価のことをまったく配慮していない」という点である。

確かに、日本の消費税率は、他の先進国に比べれば、低い。

でも、消費税の負担感というのは、表面上の税率だけで語ることはできないのである。

消費税というのは、税金をモノの値段に上乗せする税金である。

消費税の最大の欠点というのは、モノの値段が上がることだ。それが一番、我々の生活に直結するのである。

もし、消費税を上げても、モノの値段が変わらないのだったら、消費税なんていくら上げてもいいわけだ。

つまり、消費税というのは、国民がモノの高さを我慢することによって、間接的に税負担をするという税金なのだ。

となると、消費税というのは物価との関係をセットで考えなくてはならない。

もし物価がものすごく低い国だったら、消費税を多少上げても、国民の生活にはそれほど影響はしない。

でも物価がものすごく高い国だったら、消費税を上げたならば、たちまち国民生活に影響する。

で、日本は物価が高いだろうか、低いだろうか？

次のページの表を見てほしい。これは、アメリカの世界的なコンサルティング会社マーサーによる、世界の物価調査結果である。このマーサー社のデータは、世界各国の駐在員の生活費の算出にも使用され、世界でもっとも権威のある物価調査だといえる。

このマーサーの調査結果を見ると、日本は**世界有数の物価高**なのである。

東京より物価が高いのは、内戦が続いてきたアンゴラのルアンダと、経済力の割に国土が異常に狭い香港なのである。

普通の状態の国で言うならば、日本が世界一物価が高いということになる。

日本はデフレで物価が下がっているといっても、そもそもの物価が非常に高いのである。

2017年世界の物価ランキング（マーサー）

順位	都市名	国名
1位	**ルアンダ**	**アンゴラ**
2位	**香港**	**香港**
3位	**東京**	**日本**
4位	チューリッヒ	スイス
5位	シンガポール	シンガポール
6位	ソウル	韓国
7位	ジュネーブ	スイス
8位	上海	中国
9位	ニューヨーク	アメリカ
10位	ベルン	スイス

この物価の高さを考慮しなければ、消費税のことは論じられないのだ。

ヨーロッパの先進国は、間接税の税率は確かに高いけれど、物価は日本より安いのだ。だから、間接税の負担感というのは、日本より小さいのである。逆に今の日本の生活は、世界最高の間接税を払っているのと同じ負担感だといえるのだ。つまり、日本の消費税は**実質的には世界一高い**のである。

しかし、今の消費税の議論では、全体の物価の負担感をまったく比較せずに、単に「消費税の税率」だけを比較して「日本は間接税の負担が少ない」などと言っているわけである。消費税増税論が、いかに根拠のうすい表面上だけのものであるか、これで理解していただけたのではないだろうか。

消費税を上げれば、消費が冷え込む。消費が冷え込めば、景気が落ち込む。消費税の導入以来、ずっとその**悪循環の繰り返し**である。

金融緩和や財政投資などで、人為的に金の流れをよくして、一時的に景気をよくしても、本質的な景気回復にはつながらない。

消費税の黒幕は財務省

総務省の「家計調査」によると2002年には一世帯あたりの家計消費は320万円をこえていたが、現在は290万円ちょっとしかない。先進国で家計消費が減っている国というのは、日本くらいしかない。

これでは景気が低迷するのは当たり前である。

この細り続けている消費にさらに税金をかけたらどうなるか？

景気がさらに悪化し、国民生活が大きなダメージを受けることは火を見るより明らかである。実際に、消費税が上がるたびに景気が悪くなり、消費が細っていくという悪循環を、日本は平成の間ずっとたどってきたのだ。

この欠陥だらけの消費税を一体だれが推進してきたのだろうか？

最大の黒幕は**財務省**なのである。

政治家が消費税を推進してきたように思っている方が多いかもしれないが、それは勘違いである。

政治家は、税金の詳細についてはわからない。だから、財務省の言いなりになって、消費税を推奨してきただけである。

むしろ、政治家は、消費税の導入や税率アップには、何度も躊躇（ちゅうちょ）してきた。

増税をすれば支持率が下がるからだ。

それを強引にねじ伏せて、消費税を推進させてきたのは、まぎれもなく財務省である。

なぜ財務省は、これほど消費税に固執し、推進してきたのだろうか？

「国民の生活をよくするため」

「国の将来のため」

などでは、まったくない。

ざっくり言えば、「**自分たちの権益**」を維持するためである。

財務省は財界の代弁者

まず最初に念頭に置いていただきたいのは、財務省のキャリア官僚にとっては、「消費税は実利がある」ということである。

消費税が増税されることによって、彼らは間接的にではあるが、大きな利益を手にするのだ。

なぜなら、大企業と財務省は、根の部分でつながっているからだ。

ただ財務省といっても、財務省の職員すべてのことではない。

財務省の「**キャリア官僚**」のみの話である。

なぜ財務省のキャリア官僚が、消費税の増税で利益を得るのかというと、それは彼らの「**天下り先**」に利をもたらすからだ。

天下り先が潤うことで、財務省のキャリア官僚たちは、間接的に実利を得るのだ。

財務省のキャリア官僚のほとんどは、退職後、日本の超一流企業に天下りしている。

三井、三菱などの旧財閥系企業グループをはじめ、トヨタ、ＪＴ（日本たばこ産業）、各種の銀行、金融機関等々の役員におさまるのだ。

しかも、彼らは数社から「非常勤役員」の椅子を用意されるので、ほとんど仕事もせずに濡れ手に粟(あわ)で大金を手にすることができる。

財務省キャリアで、事務次官、国税庁長官経験者らは生涯で**8億~10億円を稼げる**とも言われている。

この辺の事情は、ネットや週刊誌を見ればいくらでも出てくるので、興味のある方は調べて欲しい。

つまり財務キャリアたちは将来、必ず大企業の厄介になる。そのため、大企業に利するということは、自分たちに利するということなのだ。

消費税を上げると財界が喜ぶカラクリ

消費税というのは大企業にとって非常に有利なのである。

というのも消費税の導入や消費税の増税は、法人税の減税とセットとされてきたからだ。

消費税が導入された1989年、消費税が3%から5%に引き上げられた1997年、消費税が5%から8%に引き上げられた2014年。そのいずれも、ほぼ同時期に法人税の引き下げが行われている。

財界は、常々「消費税を上げて法人税を下げろ」と主張し続けてきた。財界のトップの集まりである**「経団連」**などは、これを堂々と公言し、サイトなどにもアップしている。

そして、国はその通りのことを実行してきたのである。

「消費税を上げて、法人税を下げる」

とはどういうことか？

法人税というのは、「儲かっている企業」に対して、「儲かっている部分」に課せられる税金である。

一方、消費税というのは、国民全体が負担する税金である。

「消費税を上げて、法人税を下げる」ことは、「儲かっている企業の税負担を減らし、その分を国民に負担させる」ということなのである。

「儲かっている企業」の集まりである経団連にとっては、**万々歳**のことである。

しかしこれは、日本経済を窮地に追い詰めるものだった。

「儲かっている企業の税負担を減らし、その分を国民に負担させる」

ということは、決して日本経済の実情に合っていない。

バブル崩壊以降、日本のサラリーマンの平均賃金は下がりっぱなしである。そういう中で、消費税を上げるとどうなるか？

国民の生活はどんどん苦しくなる。当たり前といえば当たり前の話だ。それは数値としても明確に表れている。

前述したように総務省の家計調査によると、2002年には一世帯あたりの家計消費は320万円をこえていたが、現在は290万円ちょっとしかない。国民は消費を10%も削ったということである。

繰り返しになるが、この20年間で消費が減っているのは、先進国では日本くらいなのである。

「日本の法人税は世界的に高い」というウソ

ここまで読んで来られた方の中には

「日本の法人税は世界的に見て高いから、下げられてもいいはず」

と思っている人もいるかもしれない。

が、その考えも財務省のプロパガンダにまんまとひっかかっている。

2018年現在、日本の法人税率は23・2%（国税）である。

この法人税率は、確かに先進国の中では決して安くはない。イギリスやドイツのほうが

日本企業の経常利益と税収の推移

	経常利益	法人税収	実質法人税率	名目法人税率
2013年	72.7兆円	10.5兆円	**14.4%**	25.5%
2014年	78.6兆円	11.0兆円	**14.0%**	25.5%
2015年	80.9兆円	10.8兆円	**13.3%**	23.9%
2016年	86.6兆円	10.3兆円	**11.9%**	23.4%
2017年	96.3兆円	12.0兆円	**12.5%**	23.4%

※経常利益は財務省発表の法人企業統計調査より抽出、法人税収も財務省発表資料より

低く、アメリカも減税を行っているので日本よりも安くなっている。

だからこれを根拠に「日本ではもっと法人税率を引き下げなくてはならない」と主張する御用学者も多い。

しかし、これは**「名目の法人税率」**の話である。

日本の場合、名目の法人税率は高く設定されているが、さまざまな抜け穴があるために、実質の法人税率は著しく低い。

不思議なことに日本の御用経済学者で、この日本の法人税の抜け穴について言及したり、研究したりしている人はほとんどいない。

ただただ名目の法人税率だけを振りかざし、「日本の法人税は高い」と吹聴しているのだ。

日本の実質的な法人税率は、実は驚くほど低い。

上の表は、法人統計調査から抽出した日本企業全体の「経常利益」と法人税収を比較したものである。い

ずれも、政府が発表しているデータであり、誰でも簡単に確認することができる。

これを見ると、日本企業は経常利益に対して法人税は10％ちょっとしかかかっていないことがわかるはずだ。名目の法人税率は23・4％（２０１7年時点）なので、だいたい半分しか払っていないことになる。

つまりは、日本の実質的な法人税率は10％ちょっとであり、世界的に見ても非常に安い部類である。**タックスヘイブンのレベル**だといっていい。

これを見ると、絶対に日本の法人税は高いなどとは言えないはずだ。ぜひ政府の御用学者の方々の弁明をお聞きしたいものである。

日本の法人税には巨大な抜け穴がある

なぜ日本企業の実質的な法人税率がこれほど低いのかというと、日本の法人税には巨大な抜け穴が存在するからである。

しかも、その抜け穴は、大企業にばかり集中しているのだ。

つまりは、日本では大企業の実質法人税負担率が異常に低いために、法人税収を大幅に引き下げているのだ。

大企業の法人税の抜け穴は多々あるが、代表的なのは２００３年に導入された「研究開発費減税」と、２００９年に導入された「外国子会社からの受取配当の益金不算入」という制度である。

「研究開発費減税」というのは、簡単に言えば、「試験開発をした企業はその費用の10％分の税金を削減しますよ」という制度である。

限度額はその会社の法人税額の25％である。

「試験開発のための費用が減税されるのはいいことじゃないか」

と思う人も多いはずだ。

しかし、この制度には大きな欠陥というか、カラクリがある。

この研究開発費減税は、実質的には「研究開発費を支出する余裕のある大企業しか受けられない」のである。しかも、研究開発費の範囲が広く設定されているので、製造業の大企業であれば、だいたい受けられるという制度なのだ。

つまり、大まかに言えば、**「大企業の法人税を25％下げた」**ということである。

実際に、この減税を使っているのは、ほとんどが大企業である。全体の０・１％にも満たない資本金１００億円超の大企業が減税額の８割を独占しているのだ。

「外国子会社からの受取配当の益金不算入」は、どういうことかというと、外国の子会社から配当を受け取った場合、課税対象からはずされる、ということである。

たとえば、ある企業が、外国子会社から1000億円の配当を受けたとする。この企業は、この1000億円の配当収入を課税収入から除外できるのだ。つまり、子会社からの配当収入については、**無税**ということになるのだ。

なぜこのような制度があるのか？

これは現地国と日本で二重に課税を防ぐ、という目的で、そういう仕組みになっている。外国子会社からの配当は、現地で税金が源泉徴収されているケースが多い。もともと現地で税金を払っている収入なので、日本では税金を払わなくていい、という理屈である。

が、この制度には**巨大な矛盾**がある。

というのも、二重課税を防止するという意味ならば、外国で払った税金分を控除すればそれで足りるはずだ。しかし、この制度では、「外国でいくら税金を払っているかにかかわらず、配当金を収入に換算しなくていい」ことになっているのだ。

この制度では、実質的にほとんどの多国籍企業が大幅に減税になっているのだ。

トヨタなどは、この制度ができたおかげで、2008年から5年間も日本の法人税を払わずに済んだのである。トヨタはこの5年間ずっと赤字だったわけではなく、赤字だったのはリーマンショックの影響を受けた2009年と2010年だけである。それ以外の年は大きな黒字を出している。

考えてみて欲しい。

世界中で稼いでいる日本一の大企業が、5年間も日本で法人税を払っていなかったのである。**そんな馬鹿なことがあるか!**　ということである。

こういう馬鹿なことが生じた最大の理由は、「外国子会社からの受取配当の益金不算入」なのである。

日本の法人税が実質的に低いことの証左は、日本企業の内部留保金を見てもわかる。

日本企業はバブル崩壊以降に内部留保金を倍増させ446兆円にも達している。

また日本企業は、保有している手持ち資金（現金預金など）も200兆円近くある。

これは、人口比から見れば断トツの世界一であり、これほど企業がお金を貯め込んでいる国はほかにない。

アメリカの手元資金は日本の1・5倍あるが、アメリカの経済規模は日本の4倍である。だから経済規模に換算すると、日本の企業はアメリカ企業の2・5倍の手元資金を持っていることになる。

世界一の経済大国であるアメリカ企業の2・5倍の預貯金を日本企業は持っているのである！

だから、本来、増税するのであれば、消費税ではなく、法人税であるべきなのだ。

なのに、なぜ法人税ではなく消費税を増税するのかというと、先ほども述べたように財務省のエリートたちは、大企業に天下りしていくため、彼らは財界の代弁者となってしまっているのだ。

「日本の金持ちの税金は高い」という大ウソ

そして、大企業と同様に高額所得者にも、**税法の巨大な抜け穴**がある。

消費税推進派の学者などは「日本の高額所得者の税金は他の先進国に比べて高い」ということを吹聴してきた。そして、「増税するなら所得税ではなく消費税」という論法を使ってきた。

しかし「高額所得者の税金が他の先進国に比べて高い」というのもウソである。

確かに日本の富裕層の税金の「名目上の税率」は、他の欧米諸国に比べると高くなっている。

が、日本の富裕層の名目税率は高いのだけれど、実質的な負担税率は驚くほど安くなっているのだ。むしろ、日本の富裕層は先進国でもっとも税金を払っていないといえるのだ。

わかりやすい例を示したい。

主要国の個人所得税の実質負担率（対国民所得比）世界統計白書２０１２年版より

日本	7・2%
アメリカ	12・2%
イギリス	13・5%
ドイツ	12・6%
フランス	10・2%

これは、先進主要国の国民所得に対する個人所得税負担率を示したものである。

つまり、国民全体の所得のうち、所得課税されているのは何%かを示したものだ。国民全体の所得税の負担率を示しているといえる。

実は日本はこれがわずか7・2%なのだ。

主要国の中では**断トツに低い**。

アメリカ、イギリス、ドイツ、フランスはどこもGDP比で10%以上の負担率がある。イギリスに至っては、13・5%で、日本の約2倍である。

個人所得税というのは、先進国ではその大半を「高額所得者が負担しているもの」である。国民全体の所得税負担率が低いとは、すなわち**「高額所得者の負担率が低い」**ことを表しているのだ。これはつまり、日本の富裕層は、先進国の富裕層に比べて断トツで税負担率が低いということなのだ。

日本の投資家の税金は激安

日本の高額所得者の税金にはさまざまな抜け穴があるが、その代表的なものは、「配当所得に対する優遇税制」である。

配当所得というのは、株の配当における収入のことである。当然のことながら株を持っている人というのは、富裕層に多い。特に大株主などは100%が富裕層である。配当所得の税金を安くするということは、すなわち富裕層の税金を安くするということである。

あまり報じられることはないが、日本の株の配当所得の税金は、実は先進国でもっとも安くなっているのだ。配当所得に対する主要先進国の税金は次のようになっている。

配当所得に対する税金（財務省サイトより）

日本	15％
アメリカ	0～20％
イギリス	10～37・5％
ドイツ	26・375％
フランス	15・5～60・5％

アメリカ、イギリス、ドイツ、フランスと比べても、日本の税率15％というのは明らかに安い。イギリスの半分以下であり、ドイツ、フランスよりもかなり安くなっている。あの投資家優遇として名高いアメリカと比べても、日本のほうが安いのだ。

日本では、本来の所得税の最高税率は45％だが、配当所得は分離課税となっているので、どんなに高額の配当があっても15％で済むのだ。

分離課税というのは、他の収入と切り離して、配当所得だけを別個に計算することである。分離課税の最大の特徴は、いくら収入があっても税率が高くならないということだ。

配当所得は、**「収入が高い人ほど税金が高くなる」**という所得税のルールから除外されているのだ。つまり、配当所得は何千万円、何億円収入があろうと、税率は15%なのだ。

普通、個人の所得税というのは、さまざまな収入を合算し、その合計額に見合った税率を課せられるようになっている。

たとえば、サラリーマンや個人事業などの所得の合計額が4000万円を超えた場合は、最高税率の45%となっている。

しかし、配当所得の場合は、他の収入と合算されることはない。だからどんなに配当をもらっていてもわずか15%の税金で済むのだ。

一つの会社の株を個人で3%以上保有している大口株主の場合は、20・42%となっている。が、この大口株主の場合は、地方税5%が課せられないので、実質的に他の株主と同様なのだ。

また配当所得における「住民税」は、わずか5%である。

サラリーマンの場合、住民税は誰もが10%である(課税最低限に達しない人は除く)。

つまり額に汗して働いた人が10%の住民税を払わなければならないのに、株を持っているだけでもらえる配当所得には、その半分の5%しか課せられていないのである。

この投資家優遇税制は、昔からあったわけではない。

以前、株主配当の税金は、他の所得と同様に累進課税制度になっており、多額の配当をもらっている人は、他の所得の人と同様に多額の税金を納めていた。

しかし、２００３年の税制改正で、「どれほど多額の配当があっても所得税15％、住民税５％の税率だけでいい」ということになったのだ。その結果、大企業の大株主などは、何億、何十億もの収入がありながら、税負担率は新卒サラリーマンよりも低いという状態が生まれたのだ。

つまり、多くの国民が賃下げと消費税増税などで苦しんでいるときに、富裕層の税金は激しく安くなっていたのである。

なぜマスコミは消費税を推奨してきたのか？

消費税は、格差社会を助長する税金であり、今の日本にはもっとも不適格な税金といえる。なのに、政治家、マスコミ、財界、官僚などは、消費税を推奨している。

政官財はともかく大手新聞社をはじめマスコミの多くが、「消費税増税やむなし論」を掲げているので、多くの国民は、消費税に不承不承（ふしょうぶしょう）納得している感じである。

特に朝日新聞などは、日ごろは**「庶民の味方」**を標榜（ひょうぼう）しているのに、消費税に関しては強力な推進派なのである。

なぜ、大手新聞社までもが消費税を推奨しているのか？

その理由を知れば、多くの国民は怒りに震えるはずである。

まず大手新聞社というのは、大企業である。特に読売新聞、朝日新聞というのは、日本で有数の大企業なのである。世界的に見ても、有数の金持ちメディア企業なのである。そして、その役員や社員たちは、サラリーマン平均の、数倍の報酬を得ている「富裕層」なのである。

だから、根の部分では大企業の特質を持っている。

つまりは「消費税を増税し法人税を下げる」ということになれば潤うのである。

また新聞社やマスコミというのは、既得権益でガチガチに守られた企業である。

たとえば新聞業界には、「記者クラブ」というものがある。

これは官庁などに、報道機関専用室のようなものが設けられ、メンバーだけが独占的に取材を行えるというものである。この記者クラブは、各官庁、都道府県など800カ所に及ぶ。

記者クラブに入れるのは、既存の新聞社等に限られる。だから、新聞業界には新規参入がなかなかできないのである。先進国で、メディアにこのような閉鎖的な団体があるのは日本だけである。この記者クラブの存在について、大手新聞社は表立った批判はしていない。

またテレビなどもそうである。

現在、地上波のテレビ局というのは、事実上、新規参入ができない。テレビ放送を行うには、総務省の免許が必要だが、地上波のキー局にこれ以上免許を出すことはない。テレビ業界というのは完全な既得権業界なのである。

そして、ご存知のように、朝日新聞は、テレビ朝日という地上波のテレビ局を持っている。既得権益で守り固められた業界なのである。

こういう既得権益で守り固められた業界というのは、いざというときには**権力側の味方**につくのである。

財務省からご褒美をもらった新聞業界

「消費税増税やむなし」

という世論の形成に大きく寄与してきた大手新聞社たちは、財務省から大きなご褒美(ほうび)をもらっている。

2019年に予定されている消費税の増税では、「**軽減税率**」が設定されることになっている。

ヨーロッパ諸国などでは、食料品など生活必需品には消費税の税率を低くし、低所得者層の負担を和らげる工夫がされている。これを「軽減税率」と言うのだ。

日本でも、消費税導入時から「軽減税率」を設定すべきという意見があったが、どの項目を対象にするかで、各業界の激しい陳情合戦となり、調整力のない日本の政治家たちは「いっそ、みな一緒の税率で」ということになったのだ。

が、消費税が増税されるに従い、軽減税率の必要性を訴える声が大きくなった。ダイヤモンドにも、お米にも同率になっているような、雑な消費税を持つ国は、世界中を探しても日本くらいしかないのである。

政治家も、官僚もさすがにそのことに気づいて、今回の10%への増税では軽減税率を設定しようということになった。

が、今回決まったこの軽減税率の対象品目には、大きな謎がある。

今回設定された軽減税率の主な対象品目は、食品表示法に規定する飲食料品である。

食料品は生活必需品なので、これが主な対象にされたことは、不自然なことではない。が、非常に不審なのが、「新聞購読料」が軽減税率の対象とされたことである。

軽減税率の対象品目の中には、「定期購読契約が締結された週2回以上発行される新聞」も入っている。これは一般紙だけじゃなく、スポーツ紙、業界紙、政党機関紙などが含まれる。

これは、**明らかに不自然**である。

新聞業界もその世間の反応に気づいたようで、新聞協会は、「新聞に軽減税率が適用されること」についてホームページで、次のように主張している。

書籍、雑誌も含めて、活字文化は単なる消費財ではなく「思索のための食料」という考え方が欧州にはある。新聞をゼロ税率にしている国もイギリス、ベルギー、デンマーク、ノルウェーの４か国ある。欧州連合（ＥＵ）加盟国では、標準税率が20％を超える国がほとんどで、その多くが新聞に対する適用税率を10％以下にしている。

そして、新聞協会は、ヨーロッパ諸国などが設定している新聞の軽減税率のデータを表にして載せている。

それを見ると、世界中で新聞は軽減税率の対象となっているので、日本でも設定してもいいのではないか、と思ってしまう。

が、新聞協会のホームページのデータには、「**誤誘導**」が見られるのだ。

というのも、新聞協会の提示したデータを見れば、たとえばイギリスの欄では「標準税率20％　新聞の税率０％」となっているので、あたかも新聞だけを特別扱いしているようなイメージをうける。が、イギリスの場合、新聞に限らず、書籍も雑誌も同様に０％にしているのである。

というより、欧州諸国のほとんどは、新聞だけを軽減税率の対象としているのではなく、雑誌や書籍も同様に対象にしているのだ。この「情報は民衆の必需品」という考え方は、多くの人にとって理解できるものだろう。

だが、肝心なことは、欧州諸国の多くは、新聞だけじゃなく、雑誌や書籍も対象にしているということである。なぜ日本では「新聞だけ」なのか？　新聞だけが対象になるのであれば、「情報は民衆の必需品」という考え方には合致しない。

しかも、対象になるのは、「定期購読」されているもののみである。コンビニなどで売られている新聞は、対象にならない。なぜ同じ新聞なのに、定期購読だけが対象になっているのか、非常に不可思議である。

今の日本の現状をみたとき、「新聞の定期購読をしている人」が、低所得者層とはとても言えないはずだ。家計が苦しい場合、新聞の定期購読などがまず削られるはずである。テレビやネットのニュースで代用することができるからだ。

現在、新聞の定期購読をしている人たちというのは、ある程度お金に余裕がある人であり、低所得者層への配慮とは言いがたい。

軽減税率の対象品目に、「宅配の新聞」が入っていることは、どう見ても不自然である。

これは、「新聞を軽減税率の対象にすれば新聞が消費税に反対しなくなる」という財務省の見え透いた狙いがあるし、しかも新聞業界は財務省の狙い通りの対応をしているのだ。

OECDに消費増税を勧告させる財務省の陰謀

この悪の権化である財務省は、こともあろうに、消費税をさらに26%まで上げようとたくらんでいる。

しかも、「国際機関から日本に圧力をかけさせる」という巧妙な手段を用いて、それを実行しようとしているのだ。その**悪辣さは筆舌に尽くしがたい**。

2019年4月15日に配信されたロイター通信の記事をまず読んでみてほしい。

消費税最大26%まで引き上げを＝ＯＥＣＤ対日報告

経済協力開発機構（ＯＥＣＤ）が15日公表した対日経済審査報告書は、日本経済の人口減少に対して警鐘を鳴らし、プライマリーバランス（財政の基礎的収支）を黒字化するためには消費税率を最大26%まで引き上げる必要があると指摘した。同日都内の日本記者クラブで会見したグリア事務総長は「消費税率の10%への引き上げは不可欠」と指摘し、その後も「徐々に税率を引き上げることが財政改善につながる」と強調した。

報告書は日本経済について、２０５０年までに人口が1億人程度まで減少することに伴う高齢化と債務拡大という長期の課題に直面しているとし、財政持続性を担保する具体的な計画を示すべきと指摘。税収拡大の手段として主に消費税が望ましいとしている。

消費税のみにより十分な水準の基礎的財政黒字を確保するためには、税率を20～26%まで引き上げる必要があるとしている。

今年10月に予定されている10%への引き上げの影響は、各種対策の効果によって

２０１４年の増税より大きくないとしている。

このＯＥＣＤの勧告というのは、「国際世論」などでは決してない。

ＯＥＣＤは、これまでも何度か日本に対し消費税引き上げの勧告をしている。

何も知らない方は、これを見ると「やはり日本は消費税を上げるべきなのだろう」と思うかもしれない。

しかし、騙されてはならない。

これは日本の財務省の常とう手段なのだ。

しかし、日本の財務省はＯＥＣＤに対し、強い影響力を持っている。

ＯＥＣＤは一応、国際機関である。

日本のＯＥＣＤへの拠出金はアメリカに次いで第2位である。

そして、ＯＥＣＤ内の事務方トップであるＯＥＣＤ事務次長には、**日本の財務省出身の**河野正道氏が就任している。

またＯＥＣＤの要職には、日本人がたくさん就いている。

本来、国際機関が日本の消費税などにそれほど強い関心を持つことはない。

というより、国際機関が一国の税制に口出すことなどは、普通はできないはずなのだ。そういうことをすれば、普通の独立国の政府であれば、猛反発するはずだ。

が、日本政府は反発するどころか、それを**錦の御旗**にして、消費税増税の根拠としようとしている。

なぜOECDが日本に勧告をしたのかというと、日本の財務省がOECDに働きかけて、日本に勧告を出させたからなのだ。

つまり、財務省は日本国内の不満を抑えるために、**「国際機関から勧告があった」**という形をとろうとしたのだ。

そして、このOECDの勧告では必ず、ヨーロッパ諸国の間接税と比較される。

日本の消費税はヨーロッパ諸国に比べて低いという結論に持っていこうとするのだ。

が、前述したようにヨーロッパ諸国は、低所得者に対して、所得補助や住宅補助などの手厚い支援を行った上で、消費税を課している。

そういう支援がまったく充実していない日本に、消費税だけを導入しようとするのは、無理な話なのだ。

そういう「総合的な検討」がまったくなされずに、ただただ消費税を引き上げろというのは、非常に乱暴な話だ。

本来、国際機関がこんな暴論を押し付けてくるはずは絶対にないのだ。

欧米は本当は日本の消費税をバカにしている

では、欧米諸国は実際に、日本の消費税増税のことをどう思っているのだろうか？
実際のところは、欧米諸国はどこも日本の消費税などにそれほど関心は持っていない。
が、アメリカの新聞が今月初めに日本の消費税についての記事を書いているので、それをご紹介したい。

２０１９年4月4日付のアメリカの大手新聞であるウォールストリート・ジャーナルは、日本で10月に予定される消費税率引き上げについて

「安倍晋三首相は増税によって、景気を悪化させようと決心しているように見える」

と揶揄する社説を掲載した。

この社説では、

「現在の日本の経済指標はさえない内容」

「日本経済は中国や欧州など世界経済の減速の影響を受けやすい」

と指摘している。

またアベノミクスの「第3の矢」とされる成長戦略は「まったく始まっていない（効果が見られない）」と断じている。

そのため安倍氏にとって**「増税は自傷行為になろう」**と皮肉ったのだ。

ウォールストリート・ジャーナルは、もちろん日本の資本などは入っていないし、日本の思惑などはまったく気にすることなく、自由に発言できる立場にいる。

そして、アメリカを代表する報道機関でもある。

このウォールストリート・ジャーナルの社説こそ、欧米諸国が日本の消費税に対して感じている本音にもっとも近いものだと思われる。

第2章

消費税を払わないで買い物をする方法

消費税の抜け穴を衝け！

前章では消費税がいかに欠陥ばかりの税金であるかということをご説明してきた。が、やはり一般の人が一番気にかかるのは、消費税増税によるダメージだろう。

来年の２０１９年10月から消費税が10％になるということは、物を買うとき、値段が１割増しになるということである。

庶民にとっては、かなり負担が大きい。

特に高い買い物をするときには、消費税はかなり痛いはずである。

どうにかして消費税を払わないで買い物する方法はないものか、と思ったことがある人も多いだろう。

しかし、消費税というのは、日本に住んでいる限り、必ず払わなければならないものだ。物を買う時点で、店が徴収するわけなので、消費者としては逃れる道がない。

「私は、消費税を払いません」

と頑強に主張したとしても、消費税抜きで売ってくれたりはしない。それ以上、強く主張すれば店は物を売ってくれなくなるだろう。

財務省としては、ここが狙い目でもあった。

いくら消費税に文句があっても、納税者は税務署に直接納付するのではない。モノやサービスを販売する店が消費税を徴収しているので、納税者としては「店に文句を言っても仕方がない」ということになる。

つまり、消費税というのは**「徴税機関が納税者から文句を言われない税金」**でもあるのだ。

そして納税者は、生活するためには「物を買わない（サービスを受けない）」という選択肢はないので、嫌でも消費税を払わなければならない。

この絶対に逃れられないように見える消費税だが、実は逃れる方法もいくつかあるのだ。

本章では、その方法をご紹介していきたい。

この方法は、サラリーマンや事業者など、すべての人に通用するスキームである。若干、手間はかかるが、最初に頑張って覚えておけば、恒久的に使える。

消費税の仕組みを理解する上でも、ぜひこのスキームが広く知られて欲しいものである。

1万6666円までの個人輸入には消費税はかからない

消費税を払わないで買い物をするもっとも簡単な方法は、海外から**「個人輸入」**することである。

つまりは、海外の店舗に直接、申し込んでモノを買うのだ。

昨今では、ネットの発達により、海外から物を買うことも非常に簡単になった。自分で自覚していなくても、海外から物を買っているケースも多々あるのだ。

たとえばネットで売られているイラストや写真、動画などを購入することは、それほど珍しくないはずだ。それらの中には海外サイトで販売されているものも多々あり、知らないうちに海外サイトから買い物をしているケースもあるだろう。それは、すでに立派な「個人輸入」なのである。

本来、輸入品には消費税、関税がかかってくることになっている。

それは海外の通販サイトから個人が物を買った場合でも同様である。

しかし、個人が自分のものを買うとき（商売品ではないとき）は、1回の取引が1万

６６６円以内であれば、消費税、関税は免除されるのである。

なぜ1万６６６６円以内であれば消費税、関税がかからないのか？

これは、次のような仕組みによる。

個人輸入には1回の取引が1万円以内の消費税、関税が免除になるという規定がある。

そして輸入品の1回の取引額を判定するときには、その価額は、輸入品の購入価額の60%でいいということになっているのだ。1万６６６６円の60%は1万円以内に収まるので、1万６６６６円以内ならば、消費税、関税は払わなくていいことになっているのだ。


消費税を免れても、海外の通販サイトから物を買う場合、当然、送料や手数料がかかる。が、まとめ買いをすれば送料が割引されるなどの方法もあり、うまくやれば送料と手数料込みでも１０００円以内で収まることもある。

1万６０００円の買い物をすれば、１０００円の送料手数料を払っても、送料手数料の割合は６%程度である。

普通にやれば消費税よりも安い。

しかも海外直輸入であれば、もともとの値段がけっこう安いので、消費税分の元は十分に取れるはずだ。

個人輸入となると、英語がわからないとできないと思っている人も多いだろうが、昨今は、日本語で買える海外通販サイトなどもけっこう多くなっている。また英語でのサイトも、それほど難しいものではない。

中国の通販サイトなどでは、驚くほど安いものが売られているケースも多々ある。こういうところをうまく利用すれば、安いお金でかなり豊かな消費生活を送れることになる。

ただし、海外の通販サイトを利用する場合、商品に欠陥があったり、何かトラブルがあったときの対処がかなり大変になる。

そういうトラブルについても、きちんとしたサービスを行っている業者もいるが、なかなか日本の業者のようにはいかないことが多いので、その点はくれぐれも注意されたい。

海外旅行の爆買いで消費税を逃れる！

前項では、海外の通販サイトから1万6666円以内のものを買えば、消費税がかからないことをご紹介した。

が、「1万6666円以内では欲しいものを買えない」という人もいるだろう。

そういう方には、また別の方法がある。

それは**海外旅行を使う方法**である。

海外旅行をしたときには、基本的に現地で購入した物には日本の税金はかからない。海外の免税品は、合計20万円超を購入した場合は、日本国内に持ち込むときに消費税がかかるという決まりになっている。

だから、持ち帰った品物が合計20万円超の場合は、本来は、入国するときに消費税を払わなければならないのだ。

しかし、逆に言えば、20万円以内であれば、消費税は払わなくていいのである。

そして現地国で消費税などがかかっていたとしても免税手続きを取れば免税になることが多い。

また前述したように、日本というのは世界でもっとも物価の高い国であり、ほとんどの場合、日本人は「海外の物は安い」と感じるはずだ。

最近は、格安航空のチケットなども広く出回るようになっていて、うまくやれば海外チケットを1万円以内で購入することも可能である。

たとえば、台湾への往復チケットを1万円で買ったとする。台湾くらいだったら、日帰りできるので、基本的に航空チケット以外の費用は不要なわけだ。

普通に日本で20万円の買い物をした場合、消費税は2万円かかる（10％に増税後）。だから、1万円で海外旅行のチケットを買っても、十分におつりがくるのだ。チケットがもっと安かったりすれば、さらに、うまみは大きくなる。

台湾だけじゃなく、中国や韓国などでも頑張れば日帰りできるし、安いチケットを探せば2～3万円で収めることができる。

消費税が10％になれば、**東南アジアなどへの爆買いツアー**をするというのも手かもしれない。

20万円くらいのブランドものなどを買う人は、この手を使って見るのも手だろう。韓国、中国、台湾でちょっとランチや買い物などをすれば、旅行の気分も味わえる。

またこれは推奨される方法ではないが、海外で購入したものでも現地で開封して身につけるなどすれば帰国するときに、「海外で購入したものか」「はじめから自分で持っていたものか」は見分けがつきにくい。だから、20万円以上のものを海外で購入し、すでに自分で使用して持ち帰ることをしている人も多い。

もちろん、これは厳密に言えば**脱税行為**である。

発覚した場合は、それなりのペナルティーが科せられる。筆者も立場上、これを推奨することはできない。

そういうことをしている人もいるという事実だけを記しておきたい。

海外の免税品を20万円以上持ち帰る方法

先ほども述べたように、海外で購入した免税品は、合計20万円超を購入した場合は、消費税がかかるという決まりになっている。だから、持ち帰った品物が合計20万円超の場合は、本来は、入国するときに消費税を払わなければならない。

しかし、20万円超の免税品でも、消費税を払わずに済む方法がある。

それは前項で少し言及した「こっそり身につけて持ち帰る」ということではない。

実は免税品の持ち帰りについては、「一つの商品について合計の値段が1万円以下のものについては税金は課せられない」ということになっているのだ。

これは商品1個の値段が1万円以下ということではなく、一つの商品の合計購入額が1万円以下ということだ。

たとえば、1000円のチョコレート10個ならば、1万円以下なので消費税はかからない。が、1000円のチョコレートが11個ならば1万円を超えるので消費税がかかってしまう。

という具合に、1品目あたり1万円以下であれば、どれだけ買い物をしても免税になる。この仕組みをうまく使えば、相当な高額な買い物でも消費税を払わずに日本に持ち帰ることができる。50万円でも100万円でも、**免税**になるわけだ。もし日本で100万円の買い物をすれば、10万円の消費税がかかる。が、この方法を使えば、その10万円がかからなくて済むのだ。

高い商品を買うような買い物には向いていないが、1万円以下の商品をたくさん買うような場合の買い物にはこの方法は**かなり有効**だといえる。

たとえば、1万円以下の化粧品を何種類も買ったり、1万円以下の服やアクセサリーをたくさん買うような場合は、この方法は使えるのだ。

そういう買い物をする女性はいるはずだ。ぜひ活用されたい。

ただし香水の免税は2オンス（約56㎖）までである（オーデコロン、オードトワレは含まれない）。

また、「商売のために仕入れた商品」などは**対象外**である。海外の商品を安く買い付けて日本で販売する場合には、消費税や関税が課せられる。無税で持ち込めるのは、あくまで「**個人的に使う物**」だけである。

日本商品を消費税抜きで買う方法

「海外旅行で買い物をするといっても、自分は別に海外で欲しいものはない。日本の商品が欲しいのだ」

「日本の商品を消費税抜きで買い物する方法はないものか」

と思っている人もいるだろう。

日本の商品を消費税抜きで買うということも可能なのである。

実は日本国内であっても、消費税を払わずに買い物ができる場所がある。

それは「**国際空港**」である。

ご存知のように国際空港で入管を通った後には、いろんな免税ショップがある。

そこで買い物をすれば消費税は払わなくて済むのだ。

なぜ入管を通った後は、免税になるのかというと、消費税というのは、国内で消費する物（使用する物）にかかる税金である。入管を通った後ということは、海外に持ち出すことが明確なので、**消費税は免税**になるのだ。

不思議なもので同じ商品を同じ空港で購入した場合でも、入管（入国審査）を通る前と後では、価格が大きく違ってくるのだ。

たとえば、飛行機の中で雑誌を読もうと思った場合、入管を通る前に買えば、消費税がかかるが、入管後に買えば消費税はかからないのだ。

そして、ここからが**この話のキモ**になるのだが、日本の空港の免税店で買った物を日本に持ち帰ることもある。

その場合、消費税はかかるだろうか？

本来はかかるのである。

日本の空港で買った免税品を日本に持ち帰った場合、海外の免税品を買ったのと同じ扱いになる。だから、もし日本の空港で20万円超の買い物をし、それを持ち帰った場合は、消費税がかかる。

が、逆に言えば、20万円以内の買い物であれば、消費税はかからないのである。

日本の国際空港の免税店は、最近は非常に充実している。

服、靴、カバン、電化製品、雑貨、ゲームソフト、CD、本、食べ物、酒、薬、サプリ、たばこなどさまざまなモノがある。しかも酒やたばこなどでは消費税だけじゃなく、酒税、たばこ税もかかっていないので超安いのだ。

先ほども触れたように、韓国への日帰り旅行などをすれば1万円ちょっとで海外に出ることができる。20万円分の買い物をすれば、2万円の消費税が浮くのだからそれだけでも十分に元を取ることができるのだ。

また、これは決して推奨される方法ではないが、20万円以上の物を買っている人もいる。先ほど紹介した海外で20万円以上のものを買って持ち帰るのと同様の方法である。

日本の空港の免税店では海外に持ち出すことがわかっているので、20万円以上でも免税になるのだ。

これを日本に持ち帰る場合、本来は、消費税、関税などを払わなくてはならない。しかし日本国内の空港でブランドバッグなどを買って、海外で包装を解いて、自分の持ち物として、国内に持ち帰った場合、それが元からの自分の持ち物なのか、出発前に空港で購入したものか、**普通、区別はつかない**。

だからこれは、見過ごされることがけっこう多いのだ。

しかし、これも厳密に言うと、**脱税**である。

だから、筆者は決してこの方法を推奨するわけでも、絶対大丈夫と保証するわけでもない。これについて、いかなる結果を招いても、筆者としてはまったく責任は負えないことを記しておく。

日本商品を20万円以上持ち帰る方法

また日本の国際空港で日本商品を持ち帰る場合、20万円以上でも免税になる方法もある。先ほども述べたように、海外で購入した免税品は、「一つの商品について合計の値段が1万円以下のものについては税金は課せられない」ということになっており、これは日本の空港の免税店で購入した物についても同様の扱いになっている。だから、一つの商品につき1万円以下であればいくら購入しても、消費税はかからないのである。

これは使い方によっては非常に有効である。

本やCD、ゲームソフト、高級化粧品なども一つの商品につき1万円以下であれば免税である。本、CD、ゲームソフト、高級化粧品というのは、安売りがあまりされないので税金を免れるだけで相当の得になる。

だから、日本の国際空港で買いたいものを爆買いすれば、飛行機代を差し引いてもかなり安い買い物ができるというわけだ。

たとえば、本が好きで毎年本を何十万円分も買う人、ゲームが好きで何十万円分も買う人はけっこういるだろう。また女性の場合、化粧品代が年間何十万かかるというのはごく普通である。

そういう人が安いチケットで海外旅行をし、**日本の国際空港で思う存分買い物をする**のだ。もし50万円分の買い物をすれば5万円の税金を免れたことになる。

たばこは、４００本まで免税である（紙巻たばこの場合）。つまりは2カートンまでである。これは日本製のたばこも同様である。

現在のたばことというのはだいたい６割が税である。ひと箱５００円のたばこのうち３００円くらいは税金なのだ。日本の国際空港で、日本製たばこを購入する場合、たばこひと箱は２００円ちょっとで買えるのだ。これを2カートン（20箱）購入すればそれだけで、５０００円以上の税金を免れることになる。

これに他の買い物をちょっとすれば、航空チケット分くらいはすぐに元が取れるはずだ。

筆者は禁煙成功者であり、たばこは健康に害があることは今一度、告知しておきたい。

その上でなお喫煙している方については税金を安くする方法としてこれをご紹介しておく。

注意点「店舗や商品は空港によって全然違う」

ただ、日本の国際空港で日本の商品を買う場合は**「空港によって店舗や商品は全然違う」**ということに注意しなくてはならない。たとえば成田空港と水戸空港では、免税品の品ぞろえはまったく違うのだ。

また同じ空港であっても、ターミナルによって店舗などがまったく変わってくる。

たとえば成田空港の国際線には、第1ターミナル、第2ターミナル、第3ターミナルがあるが、それぞれ店舗や商品は大きく違う。

特に、第3ターミナルの場合は、発着便が少ないため、店舗や商品がほかの二つのターミナルに比べるとかなり少ない。この第3ターミナルは、格安航空会社（ＬＣＣ）が利用している。安いチケットで「空港爆買い」をしようと思っても、第3ターミナルにあたってしまうと肝心の商品が少ないということになりかねない。

現在、第3ターミナルを使っている国際便の航空会社は次の5社である。

チェジュ航空
バニラエア
ジェットスター
ジェットスタージャパン
スプリングジャパン

この5社は、韓国行や台湾行などの格安チケットを出しているので、思わず手が出てしまうかもしれない。が、この5社の飛行機チケットでは、**「空港爆買い」**はかなり制限されるということを肝に銘じておこう。

が、第3ターミナルにも、ある程度、免税店はあるし、酒やたばこ、化粧品、本などは買うことができる。事前に各ターミナルの店舗等を調べて、自分の買いたいものがあるかどうかをチェックしておくといいだろう。

第3章

事業者のための消費税〝逃税〟スキーム

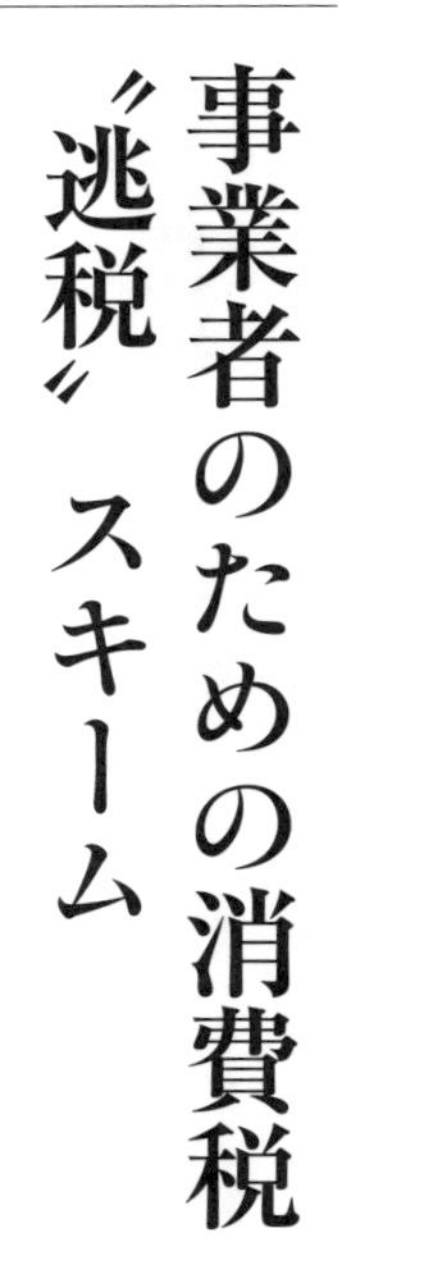

消費税は中小事業者にも打撃が大きい

消費税というものは、消費者にとっても痛いものだが、事業者にとっても痛いものである。特に中小の事業者にとって、消費税は**大きな痛手**となる。

建前の上では、事業者は売上時に消費税を客から預かり、それを税務署に納付するだけということになっている。

しかし実際の中小企業の経理では、消費税も本体の代金も一緒くたにして、売上金として入金される。そして決算期後に、その売上金の中から、まとめて消費税を払わなくてはならないのである。

おそらく中小企業の実感としては、「自分の売上の8％を税務署に納付する」ということになるだろう。

中小企業は、資金繰りが苦しいところが多く、消費税の納付ができずに未納になっているケースも非常に多いのだ。

消費税は、価格に上乗せされる税金であり、建前上は「消費者が負担するもの」となっている。しかし、実際のビジネス社会では、必ずしもそうではない。実質的に、企業側が負担しているケースは少なくない。

消費税は、その税金分を価格に転嫁するという建前になっているが、場合によってはそれができない場合も多い。

中小企業の場合は特にそうである。

普通の人を相手にする小さい商店などでは、価格が税込みになっているケースも多い。たとえば、そば店などでは、そば一杯の値段は税込みで何百円というようになっているのがほとんどである。

こういう商店では、消費税の増税分を回収するためには、商品の値上げをしなくてはならない。しかし、この値上げがなかなかしづらいのである。

値上げをしなかった場合は、店主が消費税増税分の**自腹を切る**ということになる。

また建設や製造業の下請け業者なども、消費税の価格転嫁がしにくい。

たとえば、ある建設業者がある仕事を「200万円でやってくれ」と元受業者からいわれたとする。

この200万円には、果たして消費税が含まれているのかどうか依頼された時点ではわからない。もちろん、普通に考えれば、200万円プラス消費税で請求書を出す。が、もしかしたら、元受業者からこういわれるかもしれない。

「200万円というのは消費税も入れた金額だ」と。

そういわれれば、下請け業者としては消費税分を削るしかない。

こういうことは、けっこう多いのだ。

消費税が10%になるということは、**物やサービスの値段を10%引き上げる**ということなのだが、それは実質的に値上げと同じなわけだ。その値上げ分を、税金として徴収するというのが、消費税の趣旨である。

しかし力の弱い中小企業などは、それを価格に上乗せすることはなかなかできない。

そして価格に上乗せできなければ、自腹を切るしかないのだ。

消費税が中小企業に痛手であることは、国の側も認識していた。だから消費税導入時には、売上が3000万円以下の事業者は、消費税の納税が免除されていた。

消費税導入時の政府は、この3000万円以下の免税制度があるために、「消費税は大型間接税ではない」と説明していたのだ。日本の事業者の大半は、売上が3000万円以下だったからだ。

しかし、この3000万円以下免税の制度は、平成16（2004）年に大幅に縮小され、免税となるのは「売上1000万円以下の事業者」となった。日本の事業者の大半は、年間売上は1000万円を超えているので、日本の事業者の大半が、消費税納税義務となったのだ。

免税期間を使いこなせ！

このように、消費税は中小事業者に打撃が大きいわけだが、消費税には抜け穴がいくつかあり、それをうまく使えば消費税を逃れることができる。

まずもっとも有効に使いたいアイテムは「**免税期間**」である。

消費税には、免税期間というものがある。

起業したばかりの事業者は、2年間、消費税を払わなくていいことになっているのだ（一部、対象外あり）。

なぜそういうことになっているのか、というと、以下のような仕組みからである。

消費税というのは、年間売上が1000万円以上の事業者が払わなくてはならないことになっている。

この売上が１０００万円以上かどうかというのは、**前々年の売上**をもとに判定する。その年の売上が１０００万円以上になるかどうかは、決算期が終わるまでわからない。消費税の納付事業者になるかどうか決算期が終わるまで不明だとなると、非常に不便である。消費税を納付するには、いろいろな経理処理が必要となるからだ。

そのため納税事業者になるかどうかの判定は、前々年の売上で判断するというわけだ。しかし事業を始めたばかりの企業は、前々年の売上がない。そういう場合、2年間は消費税が免除されるのだ。

つまり開業してから2年以内の事業者は消費税を納めなくていいのだ（ただし資本金１０００万円以上の会社や、前年の前半6か月間の売上が１０００万円を超えた場合は、消費税を払わなくてはならない）。

消費税を4年間払わずに済ませる方法

この免税期間を使えば、普通にやっていても最初の2年間は消費税を払わなくてもいいのだが、ある方法を使うと**さらに2年間消費税が免税**になるのだ。

その方法とは、最初の2年間個人事業者として事業を行い、3年目に法人化するということだ。

そうすれば、**最高4年間**、消費税が免除されることになる。

なぜこういうことになっているのかというと、実は税法では、同じ事業であっても、会社と個人はまったく別ものとして扱われるからだ。

個人事業と会社では、同じ人物（経営者）が同じ事業をしていたとしても、税法上はまったく別個の扱いを受ける。

たとえば、個人事業者が、事業を会社化した場合には、会社化する前と後では税法の取り扱いがまったく異なる。

だから、個人事業者が事業を会社化した場合、個人事業時代に消費税の免税期間が終わっていたとしても（つまり2年以上事業を行っていたとしても）、会社化すればその免税期間はチャラになり、会社として新しく免税期間がもらえるのだ。

同じような事業を継続していたとしても、あくまで「新しく会社をつくって新しく事業を始めた」という扱いになるのだ。

そのため、事業をはじめて最初の2年は個人事業で行い、3年後に会社化した場合は、4年間、消費税を免除される可能性があるのだ。

たとえば、毎年2000万円の売上がある個人事業者が、会社をつくったとする。毎年

2000万円の売上があれば、本来は3年目には消費税を払わなければならない。でも3年目に会社をつくれば、さらに2年間、消費税を払わなくてもいいのだ。

個人事業者のときに売上が2000万円あったとしても、会社化すれば、それはまったく換算されないのだ。会社というのは、あくまで登記してから存在するものであって、登記以前のことはまったくなかったものとされるのだ。

話を整理すると、起業をする場合、はじめは個人事業者で行い、2年後に資本金1000万円未満の法人をつくれば、4年間は消費税を免除されることになるのだ。

これは違法でもなんでもない、普通の**合法的な節税方法**である。

永遠に消費税を免れられる?

また個人事業者が会社をつくるのとは逆に、会社で事業を行っていた者が、会社を廃止して個人事業で行うようになった場合も、同様に新しく免除期間をもらえることになる。

さらに言うならば、はじめの2年間は個人事業者、次の2年間は会社、その次の2年間は個人事業者に戻す、それをずっと繰り返せば消費税は**永遠に払わなくて済む**のだ。

しかし、これは理屈の上ではそうなっているが、現実的にはちょっと難しい。

というのも、そこまでやれば「この事業者は課税を逃れるためだけに、個人事業と会社を使い分けている」として、税務署から課税されるおそれがあるのだ。

税務の世界では「社会通念上」という考え方があり、形式の上では正しくても、実質的にどうか？　社会的にも見てそれは正当か？　という観点から判断されることがあるのだ。この「社会通念上」という考え方は、裁判所でも支持されている。

だから、いくら個人と会社は違うんだからといって、2年おきに事業を個人と会社に組織変更していると、**「あからさまな税逃れ」**という判断がくだされてしまうおそれは大いにある。

が、ただし組織変更に合理的な理由があれば認められる。

たとえば、「事業を拡大するために会社化したが、思ったよりも事業が拡大しなかった、会社組織を維持するための費用と釣り合わないので、会社を解散し個人事業にした」というようなことである。

それが、実際に事実であれば、問題はない。

ただし、この理由も何度も使えるものではない。一度、そういう理由で組織変更した場合は、もう二度とそういう理由で組織変更はできないと思ったほうがいいだろう。

この辺は、非常に判断が難しいが、2年おきに個人事業と会社組織の変更をすれば、消費税を納めなくて済むということは、頭に入れておいて損はないはずだ。事業の縮小や拡大を考えている人は、そのタイミングに合わせれば**消費税の節税**になるからだ。

消費税の還付を受ける方法

前項までで、消費税は事業開始から2年間消費税は納めなくていいということを述べた。ただし、この方法が必ずしもすべての起業家に有利とは限らない。事業の内容によっては、免税業者になるよりも、あえて課税事業者になったほうがいい場合もある。

「課税事業者になったほうが得をする」

と言われても、普通の人はピンとこないだろう。

実は消費税には、**還付制度**という妙な制度がある。

これは、事業の内容によっては、消費税は納付ではなく、還付になるケースもあるということだ。

消費税というのは、一般の人から見れば、物を買ったときに払っているのだから、事業者は受け取った消費税をそのまま税務署に納めている、という印象がある。

しかし実際はそうではない。

消費税は、事業者が「売上のときに預かった消費税」から「仕入（経費含む）のときに支払った消費税」を差し引いた残額を納付することになっている。

たとえば、100円のパンを1個買えば、消費者は8円の消費税を払わなくてはならない。

しかしパン屋さんは、この8円の消費税を、そのまま納めるわけではない。パン屋さんは、パンをつくるときに、さまざまな経費を支払っており、そのときに消費税を払っている。

小麦粉代などの材料費、水道、光熱費などにも、消費税がかかっている。消費税というのは「消費者が負担するもの」という建前になっているので、パンをつくるときにパン屋さんが「払った消費税」は、納付するときに差し引くことができるのだ。

100円のパンの原価を60円とすると、パン屋さんは原価に対して消費税4・8円を払っている。これを消費者から預かった8円の消費税から差し引く。その残額3・2円を、税務署に納付するというわけだ。

ところで稀にこの消費税の納付計算で、**赤字**になることがある。

つまり、消費者から預かった消費税よりも、経費支払いのときなどに支払った消費税のほうが多い場合があるのだ。

そのときには、その**赤字分が還付**されるのだ。

預かり消費税よりも、支払い消費税のほうが多くなるということは、売上より経費のほうが高くなることであり、そんなことはあり得ないだろうと思う方もいるかもしれない。

確かに、普通は売上より経費のほうが高くなるなんてことはあまりない。

しかし、特別な場合にはありうるのだ。

たとえば**企業の創業時**である。

企業の創業時には、事業のためにさまざまな設備を整えたりしなくてはならない。

いわゆる初期投資である。

どんな事業でも、最初は内装、施設の設置、備品の購入などで金がかかるはずだ。その支払いのときには、当然、消費税が支払われている。

たとえば、パン屋さんであれば、オーブンやらキッチンやら配達車を買ったときに消費税がかかっている。そのときに支払った消費税も、最初の年に差し引くことができるのだ。

そして、事業を開始したばかりのときは、売上はあまり上がらない場合が多い。そのため、売上のときに預かった預かり消費税よりも、支払い消費税のほうが大きくなるケースもあるわけだ。

そういう場合には、消費税が還付されるのだ。

たとえば、ある事業者では初期投資に２０００万円かかったとする。

それだけで、消費税は１６０万円も支払っている。

その年の売上は１０００万円だった。この売上に対する預かり消費税は80万円である。

ということは、売上時に預かった消費税額よりも、設備投資などで支払った消費税のほうが80万円も多くなる。

このときの消費税の計算は次のようになる。

預かり消費税80万円－支払消費税１６０万円＝－80万円

つまり、このマイナスとなっている80万円の消費税が還付されるわけだ。

ただし消費税の還付を受けるには、**消費税の課税事業者**となっておかなければならない。

前項までは、事業を開始してから2年間は消費税を払わなくていいということをご紹介した。が、この免税業者になっていれば消費税の還付は受けられないのだ。

消費税の課税基準（普通の事業者の場合）

前々年の売上	←	これが1000万円を超えたとき 今年、課税事業者になる
前年の売上	←	これが1000万円を超えたとき 来年課税事業者になる
今年の売上	←	これに消費税がかかる

消費税の課税基準（開業当初の事業者の場合）

前々年の売上	←	これがない
前年の売上	←	これがない
今年の売上	←	課税判定基準がないために 消費税は免除

しかし事業開始したばかりであっても、あえて消費税の課税事業者になる、ということもできる。その方法は簡単だ。事業を始める前に「消費税課税事業者選択届出書」という紙を税務署に出すだけでいいのだ。

この「課税事業者選択届出書」を出していれば、本来は免税期間であっても、消費税の納付義務が発生し、それと同時に**還付を受ける権利も発生**するのだ。

ただこの届出書を出してしまえば、消費税の計算がマイナスにならなければ、消費税を納付しなければならない。だから、事業開始前に、初期投資がどれだけかかるかを概算し、消費税がマイナスになるときにだけ、「課税事業者選択届出書」を出すべきである。

事業を分社化することで消費税を免れる方法

年間売上が1000万円以下の事業者は、消費税の納付が免除されるということは前述した。

この納付免除業者は、売上の時点では、物の価格に消費税を上乗せすることができる。そして、その売上時に預かった消費税を税務署に納付せずに、自分でもらっていいということである。

これは、「事業者は仕入れなどをするときに消費税を払っており、その分をペイするためには、売上時に消費税を受け取ることが必要」という論理である。が、まあ、若干の儲けがでることは間違いない。

だから事業者としては、年間売上1000万円に抑えたいところだが、なかなかそうはいかない。

業種によって若干のばらつきはあるが、普通の事業をしていて、普通に営業を続けていれば、年間売上1000万円くらいはすぐに行くものである。売上1000万円としても、仕入れやそのほかの経費で半分くらいはなくなってしまうし、場所によっては家賃が高くなることもある。そして売上が1000万円あったとしても、やっと一家族分の食い扶持（ぶち）が稼げる程度である。

逆に言えば、年間売上1000万円に行かないような事業は、軌道に乗っているとは言えず、なかなか続けることができないのである。

だから、事業者は消費税を納付したくないからといって年間売上を1000万円以下に抑えることはなかなか難しいものがある。

が、うまくやればできないこともない。

というのも、事業を分けて**分社化**すればいいのである。

たとえば、「製造販売」をしているような事業では、「製造部」と「販売部」を分けるのだ。

小さな町工場などでは、製造と販売を同時に行っているような事業者も多いはずだ。そういう事業者が、製造部と販売部を切り離し、新たに会社をつくるのだ。1社では年間売上が1000万円を超えていても、2社に分ければ下回るようなことがあるはずだ。そうなれば、**消費税の納付が免除**されるわけだ。

仮に年間売上が1500万円の小さな町工場があったとする。

この町工場が、製造部と販売部に分けて分社化し、年間売上は、それぞれ700万円と800万円になった。年間売上が1500万円の場合、経費率が6割だったとしても、60万円の消費税を納付しなければならないが、分社化すればそれがゼロになるのだ。

消費税のために、わざわざ事業を分けるということは、費用対効果の面でペイできないかもしれないが、もともと事業がいくつかに分かれているような場合は、それを明確にすることで消費税納付を免れることができるのである。

新しく会社をつくることで、若干の費用はかかるが、それでも十二分にお釣りはくるはずだ。

ただこのスキームには、二つ注意点がある。

一つは分社化するときに、**明確に二つに分けなくてはならない**ということである。業務内容や経理や労務などが、ごっちゃになっていれば、「分社化している」とは認められない可能性がある。

もう一つは**合理的理由が必要**ということである。

先ほど述べたように、税務の世界には「社会通念上」という考え方がある。理屈の上では、「分社化して売上1000万円以下になれば消費税納付は免れられる」ということになっている。

しかし、ほかに理由もないのに、消費税納付を免れるためだけに分社化したのであれば、「単なる課税逃れの行為」とみなされ、分社化が認められない可能性もあるのだ。実際に、形だけの分社化をして消費税の納付を免れ、国税から追徴税をくらった事業者もいるのだ。

家族や仲間でやっている事業者は独立することで消費税を免れる

家族や仲間でやっている事業者は、分社化ではなく独立することで消費税を免れる方法もある。

たとえば、父親と息子二人、合計三人で内装業をやっている事業者があるとする。こういう事業者は、中小企業にはけっこう多いはずだ。そして、この事業者は年間売上が2500万円だったとする。

息子二人をそれぞれ独立させ、仕事を分散し、それぞれ年間売上を父親900万円、息子二人に800万円ずつ分散させたとする。

息子たちを独立させる前は、２５００万円の売り上げに対して、経費率が６割としても、１００万円の消費税を納付しなければならない。が、息子たちを独立させれば、この１００万円の消費税納付をしなくてよくなるのだ。

この場合、父親が事業を会社化していれば、息子二人にそれぞれ**新たな会社**をつくらせるということもできる。が、会社ではなく、個人事業者としてやっていた場合は、息子二人は**個人事業者として独立**させればいいだけである。

このスキームでも、前項と同様の注意が必要である。

各人の業務内容や経理などは明確に分かれていなければならない。もちろん、お互いが仕事の融通をしたり、一緒に作業することがあっても構わない。それは業者同士が共同で仕事をするのと同様である。ただ、「父親の事業を息子たちが手伝っている」という形態は明らかに崩さなくてならない。それぞれが独立した立場という形にしなくてはならないのだ。

第4章

サラリーマンでも消費税還付を受けられる！

サラリーマンが消費税の還付を受けるスキームとは?

前章では、事業者には消費税の還付を受ける仕組みについてご紹介した。この「消費税の還付」は、事業者だけが受けられるものではない。やり方によってはサラリーマンなど**普通の人でも受けることができる**のだ。

ざっくり言うとサラリーマンなどが、簡単な事業を行い、その事業のために購入した備品や仕入れ商品の分の消費税の還付を受けるという方法である。

もちろん消費税の還付を受けるためには、一定の条件が必要となる。

その条件とは「**事業を行うこと**」である。

事業といっても、別に大々的な起業をする必要はない。サラリーマンの片手間の副業でも構わない。

「事業を行う」という事実があればいいのである。

ユーチューバーでも、ネットオークションを利用した販売業でもいいのである。

そして、事業開始当初は機材の購入などをしたりして、事業は赤字になることが多い。

そうすれば、消費税が還付になるのである。

前章でも触れたが、なぜ事業を行うと税金が還付になるかというと、簡単に言えば次のようなことである。

事業をする場合、仕入れや備品購入などさまざまな経費がかかる。

この経費を支払う際にも消費税を払っている。

消費税の仕組みでは、事業者は売上のときに預かった消費税から、経費支払いのときなどに支払った消費税を差し引いた残額を税務署に納付するということになっている。

そして、支払った消費税が預かった消費税よりも大きかった場合は、その差引額が還付になるのだ。

たとえばユーチューバーになるために、パソコンやカメラなど50万円分の機材を揃えたとする。消費税の支払額は、50万円の（増税以降として）10％だから5万円である。

それに対して、1年目の売上は振るわずに1万円だった。この売上1万円のときに受け取る消費税は1000円である。

となると、受け取った消費税1000円から支払った消費税5万円を差しひくと4万9000円となる。

この4万9000円が税務署から還付されるのである。

事業が赤字になるといっても、経費として支払うものは、機材や備品、商品仕入れなどなので、自分の買い物でもある。うまく自分の買い物を経費として購入して事業を赤字にすれば、「**自分の買い物をしてその消費税の還付を受ける**」ことができるのだ。

またもし事業が成功して、黒字になったような場合は、消費税の還付は受けられなくなるが、それより大きい事業収入が入ってくるのだから文句はないはずだ。

サラリーマンがユーチューバーになった場合

サラリーマンをやりながら、ユーチューバーになりたい、簡単なネット事業をやりたいと思っている人は多いはずだ。実際にやっている人も多いだろう。

その際に、消費税の還付も受けるというわけだ。

ネット事業に限らず、ほかの事業でもいい。

とにかく事業を始めるのである。

事業を始めると言っても、店舗を借りたり大々的にやる必要はない。

自宅で細々と行うような小規模であっても、「**事業**」であればいいのだ。

そして、事業を始めるにあたっては、初期投資が必要になる。ユーチューバーになるとしたら、パソコンやカメラなども必要であるし、衣装なども必要になる。撮影に使う小物や、撮影部屋を整えるための備品も必要になる。書籍やソフトなども必要だろう。

また撮影に参考にするために、映画やアニメ、動画を見たりすることもあるはずだ。そういうものを購入したときには、当然、消費税を払っている。その消費税を計算し、積み上げる。

そして、ユーチューバーとしての活動では、当初の収入はあまり多くないことが多い。そのため、売上に対する消費税は微々たるものである。

当然、売上のときの預かり消費税よりも、経費を支払ったときの支払い消費税のほうが大きくなる。その差額が還付になるのだ。

起業時からあえて課税事業者を選択する

ただし消費税の還付を受けるには、消費税の課税事業者となっておかなければならない。

前述したように消費税は、新規事業者は事業を開始してから2年間は消費税を払わなくていいことになっている（最初の半年間の売上が1000万円以上であれば別）。だから何も届け出をしなければ、消費税は払わなくていい。その代わり還付も受けられない。

そのため還付を受けるためには、最初から消費税を払う義務が生じる「消費税課税事業者選択届出書」という紙を税務署に出さなければならないのだ。

もしこの届出書を出し忘れれば、消費税の還付は受けられない。

この届出書は、事業開始した年の間に出さなければならない。

このスキームのキモは「事業の実態があること」

このスキームのキモは、必ず「事業をしていること」である。

「明らかに税金還付を受けるのが目的である」と見られてしまうと、このスキームはアウトである。

前にも触れたように税の世界には、「社会通念上」という考え方がある。

これは、「理屈の上では合法だけれども、社会常識から見ておかしい場合は、合法とは認めない」という考え方である。

たとえば、貸マンションの所有者を3歳の幼児にしておいて、賃貸収入をこの幼児の所得として申告をしていたような場合、「3歳の幼児にマンション経営ができるはずはないだろう」ということで、親や実際の管理者に課税されるということである。

この消費税還付スキームの場合も、事業としての準備などはまったくしておらず、時間も労力も使われていないのに、書類上だけで事業を行っているということにして、消費税の還付を受けようとしても、それは無理だということである。

つまりは、社会通念上、「事業の実態があるか」ということが問われるのだ。

この「社会通念上」という判断基準は、裁判所の判例でも認められている。法的に明確に「黒」を記されていなくても、社会通念上に照らし合わせておかしいものは、「黒」と判断する、ということである。

だから、普通のサラリーマンが、実態のない事業を適当につくって、消費税の還付を受けようとしても、それは認められない可能性が高い。

が、逆に言えば、事業としての実態があれば、**必ず消費税の還付は受けられる**ということである。

「事業の実態」と言っても、必ず一定の売上をあげなくてはならないわけではない。

ユーチューバーやネット事業者などの場合は、事業をはじめたばかりのころは売上が低いことも多い。また最初は売上がほとんどないけれど、ある時期から爆発的に売れるということもよくある。だから、売上自体において、事業をしているかどうかの判定にはならない。

客観的に見て、事業をやっているといえるほどのエネルギーを使っていればいいということである。具体的に言えば、ユーチューバーで言えば、それなりに労力を使った動画を月に何本かはアップするというようなことである。

またネット販売であれば、ある程度の商品をネットにアップするということである。

もし、税務当局が、売上の少ないユーチューバーの消費税の還付を認めないということになれば、そのユーチューバーの売上がいくら大きくなっても消費税を払わなくていいということになる。還付を認めないのに、納付だけさせるというのは、**法的におかしい**からである。

サラリーマンが事業をすれば所得税も還付になる？

「サラリーマンが事業を行って消費税を還付してもらう」

というスキームには、所得税の節税も付随してくるケースがある。

「サラリーマン副業節税」

という言葉を聞いたことがある方も多いのではないだろうか？

この節税法は少し前に、ネットや雑誌などを中心に、広まったものである。その名の通り、サラリーマンが副業をすることで、〝所得税〟と〝住民税〟を安くするというものである。

消費税を還付してもらうスキームと非常によく似ているし、やり方によっては、消費税と所得税、住民税がトリプルで還付になるケースもある。

まずなぜサラリーマンが副業をすれば所得税、住民税が還付になるのか、その仕組みを説明したい。

サラリーマンは、所得税と住民税を会社から天引きされている。

所得税というのは、その人の所得に応じてかかる税金であり、住民税というのは所得の多寡(たか)にかかわらずその人の所得に10％の税金が課せられるものである。

つまり、所得税も住民税も「所得」に対してかかってくる税金というわけだ。

でも、このときの課税の対象となる所得というものが、実はちょっと複雑な構造をしているのである。

税金の上での所得というのは、その収入方法により給与所得、事業所得、不動産所得など10個の種類に分類されている。

そして、この所得の種類は、一人が一つとは限らない。

サラリーマンをやりながら不動産収入がある人もいるので、所得の種類が複数ある人もいるのだ。

そういう人の場合は、原則として複数の所得を合計して、その合計額に対して税金が課せられることになる（ただし、所得の中には譲渡所得のように「分離課税」となっているものもあり、その場合は、単独での計算となる）。

そして、給与所得と事業所得がある人の場合、二つの所得は合算されることになっている。

たとえば、給与所得が1000万円、事業所得が1000万円あった場合、この人の所得は2000万円ということになる。

ところで事業所得には「赤字」を計上することが認められている。事業所得はプラスだけではなく、マイナスになることもあるのだ。

そして給与所得と事業所得がある人が、事業所得に赤字があれば、その赤字を給与所得から差し引くことができることになっている。

たとえば、給与所得が８００万円、事業所得は赤字が６００万円あった場合、８００万円－６００万円で、この人の所得は２００万円ということになるのだ。

が、この人の場合、会社の源泉徴収で、すでに給与所得８００万円分の税金が差し引かれている。実際の合計所得は２００万円しかないので、納め過ぎの状態になっているのだ。

これを税務署に申告すれば、納め過ぎの税金が戻ってくる、というわけである。

この仕組みを利用して、サラリーマンが副業を始め、**赤字を出して税金を安くする**、というのが、「サラリーマン副業節税」のスキームである。

事業で赤字を出して源泉徴収された税金を取りもどす？

「副業で赤字を出す」

とは、どういうことなのか説明したい。

事業で赤字を出して税金を安くする、ということは、**事業で損をする**ということでもある。だから、普通に考えれば、税金が安くなったところで、事業で損をすれば、本末転倒ということになる。

しかし、プライベートの支出に近いような経費をどんどん積み上げることで、実質的には、事業で損はしていないのだが、申告上は損を出すのだ。

たとえば、自分の借りているアパート、マンションなどで仕事をしていれば、「自宅の一部が仕事場になっている」ということにし、家賃の一部を経費として計上する。電気代、水道光熱費なども同様である。

もちろん経費は、これだけではない。

パソコンを使って仕事をするような人は、パソコンの購入費やインターネット料金も、経費に計上するし、テレビやＤＶＤで情報を収集するような場合は、その購入費も経費に計上する。

また書籍などの資料を購入した場合も、もちろん経費に計上する。情報収集のために雑誌を買った場合も同様である。

さらに、仕事に関係する人と飲食などをした場合は、接待交際費として計上するのである。

つまり、副業でありながら、実質的には自営業者のような**経費の使い方**をするのだ。

そうやって赤字を積み上げるのである。

だから実際には損をしたという感じではないのに、事業所得を赤字にできるのだ。

そして、この赤字により、サラリーマンとして徴収されていた所得税、住民税の還付を受けるということである。

副業を事業として申告する

この所得税、住民税の還付スキームは、消費税の還付スキームと似ている。というより、ほぼ仕組みは同じである。だから、消費税の還付スキームを行うのであれば、所得税、住民税も同時に還付してもらおうという気持ちになるだろう。

が、所得税、住民税の還付スキームのほうが、消費税の還付スキームよりも若干、ハードルが高い。

その点は重々認識しておく必要がある。

所得税、住民税還付スキームのキモは、副業を「事業所得」として申告することである。

本来、副業的な収入は「雑所得」として申告するのが普通だ。

「雑所得」というのは、他の所得に区分されない所得、年金所得、額が小さくて取るに足らない所得などのことである。サラリーマンが片手間にアルバイトを行って得た収入などもこれである。だから、本来であれば、ネットでちょっとした小遣い稼ぎをした場合は、雑所得に入れるのが妥当とも考えられる。

しかし、このスキームは雑所得で申告してはダメなのである。

というのも、雑所得というのは、赤字が出ても他の所得と通算することができないからだ。

たとえば雑所得で申告する場合は、売上80万円で、経費が100万円だった場合、所得はゼロということにされ、赤字の20万円は税務申告の上では無視されてしまうのだ。

それを事業所得で申告すれば、売上80万円経費100万円であれば、所得は赤字20万円ということになる。この赤字20万円は、ほかの所得（給与所得など）と相殺できるのだ。

そのため「サラリーマン副業節税」は、副業収入を雑所得ではなく**事業所得として申告**しなければならないのだ。

ここが、所得税、住民税還付スキームの肝心なところである。

サラリーマンの副業も「事業」として認められるのか？

ここでいう「事業所得」というのは、その名の通り「事業」を行うことによって生じる所得のことである。

ここで一つ大きな問題が生じる。

サラリーマンの小遣い稼ぎ程度で、「事業」として認められるかどうかということである。

実は、これが**微妙**なのである。

「事業」というと、大々的に商売をしているという印象があり、ちょっとした副業程度では事業とはいえないような感じもある。

ここが、消費税還付スキームとの大きな違いである。

消費税還付スキームの場合は、小遣い稼ぎ程度の金額であっても、とにかく実際に事業をしていれば、ＯＫなのである。どんなに小さい規模の事業であっても、消費税の納付義務はあるし、それと同時に還付を受ける権利も生じる。

だが、所得税、住民税還付スキームの場合は、社会的に「事業」と認められるほどの規模でビジネスを行っていないと、認められないのである。

「事業」としても認められるかどうかの明確な区分はない

面倒なことに、税法上はどのくらいの規模があれば「事業」として認められる、というような明確な区分はない。つまり、副業を雑所得として申告するべきか、事業所得として申告するべきかの明確な区分というのはないのである。

そのため、サラリーマンが本業をしながらできる副業であっても、事業所得として申告することは不可能ではない、ということもいえる。

実はサラリーマンをしながら事業所得を申告している人は昔からたくさんいる。たとえば、サラリーマンをしながら家業の酒屋を継いでいるというような人の場合。

店番は妻などにさせ、自分は実務的にはほとんど何もしていなくても、経営の名義は自分になっていて、自分の名義で申告している、というようなケースは多々ある。そういう人たちは昔から立派に「事業」として申告していたのだ。

それを税務署が咎(とが)めるようなことはなかった。

規模が小さいからと言って事業とは認めないということは、税務行政上なかなか難しい。というのも、今は小さな規模でも後々大きな規模になるというようなケースはいくらでもある。最初は、細々と始めた事業が大きなビジネスに発展したという話は、腐るほどあるはずだ。

小さな規模だから事業として認めないのであれば、もしその事業が大成功して大規模化したときに、「かつて事業として認めてくれなかったはず。だから、申告をする必要はない」

郵便はがき

料金受取人払郵便

牛込局承認

5559

差出有効期間
令和元年 12月
7 日まで
切手はいりません

162-8790

東京都新宿区矢来町114番地
神楽坂高橋ビル5F

株式会社ビジネス社

愛読者係行

ご住所 〒 TEL: ( ) FAX: ( )		
フリガナ お名前	年齢	性別 男・女
ご職業	メールアドレスまたはFAX メールまたはFAXによる新刊案内をご希望の方は、ご記入下さい。	
お買い上げ日・書店名 年 月 日	市区 町村	書店

ご購読ありがとうございました。今後の出版企画の参考に
致したいと存じますので、ぜひご意見をお聞かせください。

書籍名

お買い求めの動機

1　書店で見て　2　新聞広告（紙名　　　　　　　　　）
3　書評・新刊紹介（掲載紙名　　　　　　　　　）
4　知人・同僚のすすめ　5　上司・先生のすすめ　6　その他

本書の装幀（カバー），デザインなどに関するご感想

1　洒落ていた　2　めだっていた　3　タイトルがよい
4　まあまあ　5　よくない　6　その他（　　　　　　　　　）

本書の定価についてご意見をお聞かせください

1　高い　2　安い　3　手ごろ　4　その他（　　　　　　　　　）

本書についてご意見をお聞かせください

どんな出版をご希望ですか（著者、テーマなど）

と言われかねない。

そして事業というのは、大小さまざまなものがあり、サラリーマンの副業程度の零細事業者も多々存在するのだ。彼らのほとんどは事業所得として申告している。

だから理屈の上では、どのような「事業」であろうと、事業所得として申告することは可能なのだ。

「社会通念上」という壁

前項で述べたように、副業の収入がいくら以上あれば事業として認められる、という線引きは、税法上はない。事業の準備段階や、時期によって収入がほとんど生じない事業もあるので、売上がいくら以下ならば事業として認めない、という線引きをつくることはできないのだ。

しかし、ならばまったく収入のない、実態のない事業を事業として認められるか、というと、そうではない。

まったく収入がない、実態がないのに、経費だけ計上してきて、それをすんなり認めるほど、日本の税務当局はお人好しではない。

何度か触れたが税金の世界では、「社会通念上」という考え方がある。明確な線引きがされていない部分では、「社会通念上」に照らし合わせて是か非かが判断されるのだ。

たとえば、売上が20万円しかないのに、３００万円も経費があれば、それは「社会通念上」に照らし合わせて妥当とはいえない。だからダメ、ということになるのだ。

また事業としての準備などはまったくしておらず、時間も労力も使われていなければ、事業として認められない可能性も高い。

つまりは、社会通念上、「事業の実態があるか」ということが問われるのだ。

だから、普通のサラリーマンが、実態のない副業を適当につくって、節税をしようとしても、それは認められない可能性が高い。

サラリーマン副業節税の落とし穴

この「サラリーマン副業節税」は、雑誌や書籍で、一時期、非常にもてはやされたため、安易に手を出すサラリーマンもかなりいたようである。

そして、この節税法をエスカレートさせ、詐欺的なことまでする輩も出てきたのだ。それは、刑事事件まで発展している。

次の記事を読んでいただきたい。

時事通信2015年 2月17日（火）配信

サラリーマンら約20人に代わり、副業で赤字が出たように装った確定申告を行い、計約600万円の税還付を求めたとして、名古屋国税局が所得税法違反（脱税）などの疑いで、事務機器販売会社の宇佐美侑哉代表（47）＝名古屋市中区＝を名古屋地検に告発したことが16日、分かった。同代表は取材に対し、「謝礼目的だった」と話している。

1000万円に満たない脱税が刑事告発されるのは異例だが、国税局は架空経費を申告書に記載するだけの安易な不正が広がることを警戒し、厳格に対応したとみられる。無資格で申告を代行した税理士法違反容疑でも告発した。

関係者によると、宇佐美代表は5年間さかのぼって還付申告できる制度を悪用。知人ら約20人が2008～13年に架空の事業で経費を支出したことにして、計約1億

３０００万円の赤字を計上し、給与から天引きされた源泉所得税を計約６００万円還付するよう申告した疑いが持たれている。

偽の申告書の作成には、国税庁がインターネット上に設けた確定申告用サイトを使った。収入や経費の各項目を入力すれば税額などが自動計算される仕組みで、同庁が利用を促している。

この記事は、先ほどのサラリーマン副業節税を悪用したものである。

やってもいない副業をやっているふりをし、払ってもいない経費をでっちあげて、還付を受けているのだ。これは完全に黒であり、脱税ですらなくもはや**詐欺**である。

６００万円程度の脱税で刑事告訴するというのは、異例中の異例である。しかし、それだけ税務当局は危険視しているということだ。

で、こういう脱税指南業者の中には、私の名をかたるものもいるようである。「大村大次郎も推奨している」というような。私は、そういう類の人たちと、一切かかわったことはないので、くれぐれも誤解なきよう、だまされることのないようにお願いしたい。

繰り返して言うが、サラリーマンが副業をして赤字を出し、税金を還付してもらうという節税方法は、事業の実態がともなっていないとできないものである。そして、事業の実態というのは、形だけを整えればいいものではなく、**「本当に事業としての実態がないとダメ」**なのだ。

第5章

海外移住という選択肢

海外移住も視野に

消費税を払わない究極の方法として、**海外に移住する**という手がある。

「少子高齢化問題」や「社会保障の欠陥問題」を見たとき、日本が今後衰退していくのは目に見えている。

というより、これから数十年は老人ばかりが増え、経済も落ち込み、年金では到底暮らしていけない、だけど収入を得る術はない、社会にはそういう人があふれかえり、生活保護の財源も枯渇（こかつ）するという地獄のような状況が待っている。

このままの人口動態や財政状態で行けば、数十年後には確実にそうなるのである。よほど劇的な国家的変革がない限りは、この流れは止められない。

40年前からわかっていた少子高齢化をまったく防げずに、むしろ40年前の予想よりも悪い状態を迎えてしまったこの国では、数十年後に予測される地獄は確実にくるであろう。

それを考えれば、今、円の力が強いうちに海外移住して、**資産を海外に移しておく**というのは、賢い選択なのかもしれない。

そして当然のことだが、海外に移住すれば日本の消費税は払わなくて済む。

「海外でも消費税がかかっている国が多いので移住しても同じではないか？」

「日本よりも消費税（間接税）が低い国はそう多くはないので、海外移住しても意味がないのではないか？」

と考える方もいるかもしれない。

が、それは間接税の性質をはき違えている。

確かに、税率だけを見れば、日本の消費税は世界的に見て低い。日本よりも間接税が安い国はそう多くはない。

が、前述したように、消費税（間接税）というのは、単なる名目上の税率だけを比較しても意味がないのである。

間接税の最大の欠陥というのは、「物価を押し上げる」ということである。

消費税（間接税）というものはモノの値段に上乗せされているため、モノの価格が高くなる。国民はその高くなったその価格を受け入れることによって、間接的に税金を払うという仕組みだ。

ざっくり言えば、国民は「物価高」を我慢することで、税金を払っているということである。

逆に言えば物価が安ければ、もし消費税がどれだけかかっていようとも、国民にとって実質的な負担はないわけである。

だから日本より物価が安い国に移住すれば、**日本の消費税を免れるのと同様の効果**が得られるわけだ。

そして、前述したように日本は現在、世界中のほとんどの国と比べて物価が高い。だから、日本から脱出さえすれば、だいたいどこの国に行っても、日本の消費税の重荷からは逃れることができるのだ。

正直言うと、筆者も現在、海外移住を検討中である。

日本はこのままいけば、超高齢化社会になり、税や社会保険料の負担がさらに増えていくのは目に見えている。

働いている間は税金をみっちり取られ、リタイアして収入がなくなってからも、社会保険料や市民税の大幅な負担増になるはず。

しかも、還元される分はどんどん減っていくし、行政サービスも悪くなる一方である。

ということで、本章では

「海外に住めばどのくらい税負担が軽くなるのか」

「実際に海外に住む方法」

などをご紹介していきたい。

海外に住めば日本の税金は払わなくていいのか？

日本人が海外に住んだ場合、日本の所得税と住民税が大幅に安くなる。というより、ほとんど払わなくていい場合が多い。

長期の海外旅行や海外移住をして、住民票を国内から国外に移す場合は、日本の住民税はまったく払わなくていいことになっている。

住民税というのは、日本に住んでいる人にかかってくる税金である。だから、海外に住んでいれば、払わなくていいのだ。

ただし住民税は、居住先の国で課せられるケースもある。しかし居住先で課せられるケースも、永住したり、居住先で就労したときにはかかるが、そうでないときにはかからないケースが多い。

住所地が海外にある人は、日本で生じた所得だけにしか所得税は課せられない。

もちろん、海外に住民票を移した場合、居住先の国の税法に従わなければならないので、居住先で所得税を払うケースもある。

でも、海外の所得税のほうが安ければ、その差額分だけ税金が安くなる。

日本以外の国は、だいたい日本よりも所得税は安い。

そして海外で所得税がかかるケースというのは、現地で収入があったときくらいなので、海外で稼ぐつもりがない人（定年退職者や日本からの収入をあてにしている人）は、ほとんど払わなくていいのだ。

また最近は、タックスヘイブンとされる地域も増えている。タックスヘイブンとは、「租税回避地」のことであり、税金のかからない地域のことである。主なところに、ケイマン諸島、ヴァージン諸島、香港、シンガポール、ルクセンブルク、パナマなどがある。

タックスヘイブンではなくても、日本からの移住者の税制優遇を敷いている国も多々ある。そういう国に移り住めば、**税金はほとんどかかってこない**のである。

たとえば、シンガポールを例にとってみたい。

シンガポールは、タックスヘイブンとされている国である。

シンガポールでは、キャピタルゲインには課税されていない。キャピタルゲインというのは、投資による収入のことである。

つまり株式や不動産投資でいくら儲けても、税金は一切かからないのだ。そのうえ、所

移住した場合の税金の支払い先

	日本に払う分	移住国に払う分
所得税	・日本から収入を得ていなければゼロ。 ・日本から収入を得ている場合は源泉徴収税のみを払う。	・年金生活など移住先で収入がなければゼロ。 ・移住先で収入があればその収入に応じて払う。 ・タックスヘイブンであれば不動産や株の収入にも税金はかからない。
住民税	なし。	・移住国の法に従って払う。 ・移住国で収入を得ていなかったり、永住権を持っていない場合は課せられないケースも多い。

得税は最高でも22％と、日本に比べれば非常に低い。

だからヘッジファンドのマネージャーなどがシンガポールに住んでいるケースも非常に多い。シンガポールは国策として、海外の富豪や投資家などを誘致しようとしている。彼らがたくさん稼いで、多額の金を落としてくれれば、シンガポールとしては潤うからである。

そのためさまざまな便宜を図っている。

ちなみに、シンガポールでは**贈与税や相続税もない**。

だからシンガポールでお金を稼いで、その金をシンガポール在住の子供に贈与すれば、税金はまったくかからないということになる。

そのためシンガポールには**世界中から富豪が集まってきている**のだ。

またシンガポールに対抗して、香港でもほぼ同様の制度を敷いている。香港にも同じように移り住む金持ちが増えている。

このように外国企業からの配当などで大きな利益を得ている人は、タックスヘイブンと呼ばれる地域に住んでいたりするケースが増えているのだ。

シンガポールや香港などのタックスヘイブンに限らず、世界のほとんどの地域では、日本人が移住すれば所得税は安くなることになる（一部の高福祉国家を別にして）。

日本から収入がある海外居住者の税金も安い

海外居住者であっても、日本から収入がある人には、日本の所得税はかかるようになっている。

海外に居住している人（海外に住民票がある人）の日本の所得税は次のようになっている。

日本から収入がある人→**日本からの収入にのみ所得税がかかる**

日本からの収入がない人→**日本の所得税はかからない**

が、日本からの収入にかかる所得税は、「源泉徴収税」だけでいいということになっている。給料や報酬などの収入には源泉徴収されているはずだが、海外居住者が支払うのは、その分だけでいいのである。

普通、日本国内に住んでいる日本人であれば、所得税というのは、全所得を計算し、その上で所得税が課せられる。源泉徴収されていたとしても、それだけで納税が完了するわけではないのだ。源泉徴収された分も含め、年末にすべての所得を計算しなおして、所得の総トータルに対して所得税が課せられるのである。

しかし、海外居住者の場合は、源泉徴収された分だけで納税は完了しており、それ以上の税金は払わなくていいのだ。

たとえば、売れっ子作家などは、この仕組みによって、大幅に税金が安くなる場合がある。

著書の印税に対する税金というのは、原則として10%～20%である。しかも、作家は印税を受け取る際に、すでにこの税金が引かれている。

この作家が海外に移住した場合は、どんなに儲かっていても、もうこれ以上の税金は払わなくていいのである。数千万円、数億円の収入があっても、最高20%の源泉徴収だけでいいのだ。

日本国内に居住している作家であれば、所得税は累進課税になっているので、数億円の収入がある人は、通常40％以上の所得税が課せられる。

だから、売れっ子作家がタックスヘイブンなどに移住すれば**大きな節税**になるのだ。

ガッツリ海外に居住していなくても非居住者になれる

このように、海外に居住すれば、かなり税金が安くなる（ゼロになる？）わけだが、海外居住となるとハードルが高いと思う人も多いはずだ。

が、日本の税金がかからない「非居住者」になるためには、別にガッツリ海外に居住していなくてもいいのである。

「海外と日本を行き来している人」

でも、非居住者になれる場合があるのだ。

日本の国内に住所地がない「非居住者」になるには、1年間のうちだいたい半分以上、海外で生活しておかなければならない、ということになっている。

国税庁のサイトでは、日本での「非居住」となる条件として次のように述べている。

居住者・非居住者の判定（複数の滞在地がある人の場合）

1　国内法による取扱い

我が国の所得税法では、「居住者」とは、国内に「住所」を有し、又は、現在まで引き続き1年以上「居所」を有する個人をいい、「居住者」以外の個人を「非居住者」と規定しています。

「住所」は、「個人の生活の本拠」をいい、「生活の本拠」かどうかは「客観的事実によって判定する」ことになります。

したがって、「住所」は、その人の生活の中心がどこかで判定されます。ある人の滞在地が2か国以上にわたる場合に、その住所がどこにあるかを判定するためには、職務内容や契約等を基に「住所の推定」を行うことになります。

「居所」は、「その人の生活の本拠ではないが、その人が現実に居住している場所」とされています。

法人については、本店所在地がどこにあるかにより、内国法人又は外国法人の判定が行われます（これを一般に「本店所在地主義」といいます。）。

2　租税条約による取扱い

租税条約では、わが国と異なる規定を置いている国との二重課税を防止するため、個人、法人を含めた居住者の判定方法を定めています。

具体的には、それぞれの租税条約によらなければなりませんが、一般的には、次の順序で居住者かどうかを判定します。

個人については、「恒久的住居」、「利害関係の中心的場所」、「常用の住居」そして「国籍」の順に考えて、どちらの国の「居住者」となるかを決めます。

これをわかりやすく言うと、「国内に住所があるか、現在まで1年以上日本に住んでいる人」が居住者となり、それ以外の人は居住者ではない、ということである。

そして複数の国に居住しているなど、居住者かどうか微妙な場合は、生活の中心がどこかで、判断する。

海外居住者は日本で買い物をしても消費税免除になる

海外居住者になった場合、日本に一時帰国した際に買い物をしたとき、**消費税が免税**になる。

よくデパートや、家電量販店などで、「免税コーナー」があるのを見かけるはずだ。この免税コーナーというのは、外国人観光客などが免税の手続きをするコーナーである。外国人観光客が日本で買い物をする場合は、消費税が免税になるのだが、その手続きをするのが「免税コーナー」である。

そして海外に居住する日本人が、一時帰国で買い物する際にも、外国人観光客と同様に免税コーナーで手続きをすれば、消費税が免税になるのである。

またこの際に、免税になる購入品には上限はない。海外旅行時のような「20万円」という上限もない。いくら買っても、手続きさえとれば免税になるのだ。だから中国人並みに、家電などを爆買いするということも可能なのである。

ただし食料や化粧品などの「消耗品」は、「50万円以内」「30日以内に出国すること」という条件がある。

消費税が免税になる海外居住者は、税法の海外居住者とは若干定義が異なるので注意を要する。

観光庁のサイトでは、日本人が消費税免税になるケースを次のように記載している。

(1) 外国にある事務所(日本法人の海外支店等、現地法人、駐在員事務所及び国際機関を含む)に勤務する目的で出国し外国に滞在する者

(2) 2年以上外国に滞在する目的で出国し外国に滞在する者

(3) 上記二項に掲げる者のほか、日本出国後、外国に2年以上滞在するに至った者

この三つのケースのいずれかに当てはまればいいのである。

そして、このケースの人たちが事務連絡、休暇等のため一時帰国し、日本での滞在期間が6か月未満の場合に、消費税が免税になるのだ。

ただし、免税になるのは「海外に持ち出すことを前提に購入した物」に限られる。

また日本の在外公館に勤務する目的で出国し外国に滞在する者は、消費税免税の対象か

海外居住の一時帰国者の消費税免税品

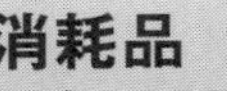

らはずれる。

免税の手続きは、次の通りである。

免税店で買い物をする

↓

免税店でパスポート、ビザ等の提示をする。

↓

購入者誓約書を提出する（自分が海外居住者であるという旨を記載）

↓

免税店から商品とともに「購入記録票」を受け取る

↓

出国するときに税関で「購入記録票」を提示する

免税店で提出するパスポートには、日本入国時の入国印が押されていないとならない。自動ゲートの場合は入国印は押されないので、入国する際には、職員のいる窓口で入国手続きをしよう。

海外移住は相続税対策にもなる

「海外移住」は**相続税や贈与税の対策**にもなる。

現在の日本の税法では、年間110万円以上の金品を贈与した場合は、贈与税がかかってくる。これは家族間、親族間でも同様である。

しかも、次ページの表にあるように、税率はかなり高い。3000万円を超える贈与をした場合は、55%の税金が課せられるのである。

この贈与税は、相続税の脱法を防ぐためにつくられたものである。金持ちは「相続税を避けるために生前に資産を家族に贈与する」ということをしたがるものである。それを防ぐために、贈与しても税金が課せられるようになっているのだ。

しかし、この贈与税は、原則として日本人ならば誰でも課せられるものだが、海外居住者には特別な抜け穴があるのだ。

贈与税の税率

	200万円以下	300万円以下	400万円以下	600万円以下	1000万円以下	1500万円以下	3000万円以下	3000万円超
税率	10%	15%	20%	30%	40%	45%	50%	55%
控除額	-	10万円	25万円	65万円	125万円	175万円	250万円	400万円

現行の法律では「海外に10年以上居住し、日本国内に10年以上住所がない人」が、「海外に10年以上居住し、日本国内に10年以上住所がない人」から「海外の資産」を贈与された場合は、贈与税がかからない、ということになっている。

だから、上場企業の創業者などが、自分の持ち株を海外のタックスヘイブンの会社に移し、親子ともども海外に10年以上移住し、その海外の会社の株を子供などに贈与すれば、相続税はかからないことになる。

実際にこの方法を採っている金持ちは、けっこういると思われる。

海外に移住するといっても、昨今では、交通や通信の便もよくなっているし、ちょっと留学という感じで、10年ほど海外に行ってみるというのは、まったく無理なことではない。

または海外支社に10年間勤務したりもできる。その間、日本にしょっちゅう帰ってきてもいいわけだ。

これはもちろん**相続税の〝節税〟**になる。

莫大な資産を無税で、親族に贈与することができるからだ。

以前は、この海外居住者の抜け穴はもっと大きかった。

海外在住の日本人が、海外資産を贈与されれば贈与税はかからなかったのだ。現在は、「10年以上海外在住」という条件があるが、以前は、「10年以上」という縛りはなく、ただ海外在住であればよかったのだ。

そのため某消費者金融会社の一族が、この抜け道を利用して、巨額の相続税逃れをしたことがあった。

外国の資産（オランダの会社の株）を外国に住んでいる人（香港在住の息子）に譲渡し、贈与税を免れたのだ。

実はこのとき国税当局は、この抜け穴をふさごうとしていた。

平成15年の税制改正で「外国に住んでいる者に、外国の資産を贈与しても日本国籍を有するならば贈与税がかかる」ようにしたのだ。

しかし某消費者金融会社の一族は、この税制改正の直前に駆け込み的に贈与を行ったのだ。創業者氏から長男へ贈与された株式の時価は推定2600億円以上だった。

2600億円を普通に贈与していたならば、贈与税として1300億円以上を払わなければならない。それを無税で乗り切ったのだ。

国税当局は、この件について、

「長男は香港に住民票を移しているが、実際は日本で生活しており香港に住民票を移したのは課税逃れのために過ぎない、実際は日本に住んでいたのだから日本の贈与税はかかる」として追徴課税を課した。

しかし、某消費者金融会社一族はその処分を不服として裁判を起こした。

この裁判では、国税は敗けてしまった。国税は徴収していた税金を某消費者金融会社一族側に返還しただけではなく、税金を仮徴収していた期間の利子約400億円までを払うことになったのだ。

これは「**史上最大の節税**」として有名な事件である。

「普通の人」の海外移住も増えている

消費税やそのほかの税金が安くなるといっても、普通の人にはなかなか海外移住などはできるものではない。

が、定年退職した人などは、少し頑張れば「海外移住もどき」はできるはずだ。

海外で暮らすということは、**経済上の魅力**もある。

何度か触れたが、日本は世界でもっとも物価が高い国なのである。

だから、日本人は日本以外の国に住めば、だいたいどこに行っても物価が安いと感じることになる。ヨーロッパの高福祉国などは間接税が高いので、日本人でも物価が高く感じるが、それ以外の国はだいたい安く感じるはずだ。

つまり同じお金でも豊かな生活ができるというわけだ。

特にタイやインドネシアなどの東南アジアでは、日本から比べれば驚くほど物価が安い。食事でも現地の人と同じものを食べるのなら、一食数十円くらいで済んでしまう。スーパーやデパートのレストランで食べても、500円も出せばかなりいいものが食べられる。日本食のレストランでさえ、日本よりも安いことがほとんどである。

住む場所も、月5万円も出せば普通に清潔なサービスアパートを借りることができる。だから月20万円もあれば、夫婦でも相当に豊かな生活をすることができる。月30万円も出せば、大きな屋敷でメイドさんを雇うような生活も可能なはずだ。

また東南アジアのほとんどの国では、一部の政情不安定国を除けばだいたい先進国とあまり変わりのない生活をしている。タイなども、街中のあちこちにごく普通にセブン-イレブンなどのコンビニがあるし、きれいな病院や巨大商業施設もいたるところにある。だから、日本にいるときとあまり変わらないような文化的な生活が、格安で送れるのだ。

しかも、東南アジア諸国では、定年退職者を受け入れるために、特別のビザを用意している国も多くある。一定の年金収入があったり、一定の財産がある人を積極的に受け入れているのだ。

定年退職者のためのさまざまなサービスを設けていたりもする。

定年退職者の日本人を誘致するために、日本人居住地域をつくったりもしている。たとえばタイでは、避暑地のチェンマイなどに、日本人の定年退職者向けの移住地域がある。

日本の退職者は、金銭面では安定収入があるので、どこの国も誘致をしたがっているのだ。

日本では、月20万円の収入しかないというと、かなり心細いが、**東南アジアでは大金持ち**の部類に入る。そういう大金持ちが来てくれることは、大歓迎なのだ。

退職した年に海外移住をするのがもっとも節税効果が高い

定年後に海外移住を考えている人に、心得ておいていただきたいことがある。

それは、退職した年に、海外移住するのが**もっとも節税効果が高い**ということだ。住民税の仕組みから、そうなっているのだ。

海外移住をした場合、安くなる税金（払わなくていい税金）というのは、住民税である。そして住民税は、通常、前年の所得にかかってくるものである。

退職金に関する住民税は退職金をもらうときに完結しているが、通常の給料に対する住民税は、退職後にもかかってくる。

だから、退職して無職になった場合、その翌年は収入がないのに高い住民税を払わなければならないケースも多いのだ。

3月末くらいで定年になった人ならば、それほど年収は高くなっていないので、翌年の住民税は大したことはないだろう。

しかし12月末で退職した人などは、1年分まるまる給料をもらっているので、年収としてはかなり大きな額になっている。

住民税は、この**年収の10%**となる。退職翌年が無職で無収入になっている場合、この住民税はかなり負担が大きいはずだ。

住民税というのは、1月1日に住民票がある自治体からかかってくるものなので、その日に海外に住民票を移していればかかってこない。

だから退職後に、長期の海外旅行もしくは海外移住を考えている人は、ぜひ退職した年のうち（翌年の1月1日以前）に住民票を国外に移すことを考慮しておきたい。

また退職金からは、住民税が自動的に源泉徴収されてしまうが、これをさせない方法もある。それは退職金をもらう年の1月1日に海外に住民票を移すということだ。

退職金をもらった年の1月1日に、住民票が国内になければ、住民税はかかってこないのだ。

これも**その年の半分以上を海外で過ごしていれば脱税ではない**。

有給休暇がたまっていて退職をする前に、長期休暇をもらえるような人も多いはずだ。その長期休暇を使って海外旅行に行きたいと思っている人もいるだろう。そういう人は、退職する年の1月1日に住民票を海外に移すことを検討されたい。

第6章

できるだけ消費税を払わない方法

消費税増税対策のキモ

これまで、消費税がいかに愚かな税金で日本経済を破滅に導くか、そして、なるべく消費税を払わないで済む方法をご紹介してきた。

が、海外旅行や事業をする余裕はなく、海外移住も無理で、どうしても「消費税を払わないことなどはできない」という人も多いはずだ。

かといって、このまま大人しく増税された消費税を払ってしまうのは、非常に腹立たしいことであるし、何よりも**国のためにならない**。

だから、我々はできる限り、支払う消費税を少なくしなければならない。

増税前に、いろんなものを買っておくというのは、皆さん、考えておられるだろう。ただし、このときに注意しなくてはならないのが、必ずしも増税前に買うのが有利とは限らないものもある、ということである。

というのも、これまで消費税が増税されたとき、駆け込み需要があったことは、広く知られている。もちろん販売する側も、増税前には、モノが売れることを知っている。

だから、販売する側としては、増税する前には、普通の販売をし、モノが売れなくなる増税後に安売りをする、というようなことを行うようになってきている。

実際に、消費税が創設されたときや、消費税が増税されたときには、そういう現象が起こっている。

モノには、価格が上下しやすいものと上下しにくいものがある。

たとえば、電化製品や服などは、同じ商品でも、すぐに価格が上下するものだ。こういう商品の場合は、消費税の増税前後でも、価格の変動が大きいことが予想される。つまり、**増税後に大安売り**をすることが考えられるのだ。

一方、価格の変動がしにくいものというと、割引販売されることがほとんどないものだ。たとえば、ブランド品、書籍、ＣＤなどは、割引販売されることはほとんどない。

だから、こういうものは、消費税増税前後で、価格が変動することは考えられないので、増税分がそのまま価格差となる。こういう商品は、なるべく増税前に買っておいたほうがいいということだ。

ガソリン、灯油なども、原価が決まっているので、そうそう安売りなどはされない。こういうものも、消費税増税前に買い置きしたほうがいいだろう。

つまり、消費税増税前後では、何もかも買い置きするのではなく、安売りなどをあまりされないものについては、**たくさん購入しておく**ということである。

消費税増税前に買っておきたいもの（値段が変わりにくいもの）

・ブランド品、書籍、CD
・ガソリン、灯油

消費税増税後の安売りが予想されるもの

・電化製品
・洋服

消費税の〝経過措置〟を使いこなせ

消費税の支払いを少なくする方法として、**消費税の〝経過処置〟を上手に使いこなす、**ということが挙げられる。

消費税の増税前後には、税率が急に変わるといろいろ不都合なことも生じるために、経過処置がいろいろと講じられている。

あまりマスコミなどで報じられることはないが、サービス業を中心にいろんな経過処置が講じられているのだ。

経過処置というのは、簡単に言えば、消費税増税後に受けるサービスなどを、消費税増税前に前払いしておけば、消費税は8%のままでいい、ということである。

この特例は、けっこういろいろあるのだ。

たとえば、**旅行代金**。

2019年9月までに列車の切符などを購入しておけば、2019年10月以降に乗る分でも、消費税8%で済む。

運賃、航空券ばかりではなく、はては定期券や回数券までが、これに該当する。また映画の鑑賞券や、舞台などの観劇券、スポーツ観戦なども、これに該当する。さらには、ディナーショーなどの料金も、これに該当することになっている。

これを知っているのと知らないのとでは、まったく違うと言える。

では、その中身を詳しく見ていきたい。

旅行計画は増税前に立てておこう

2014年4月の消費税増税時（5%→8%）に国税庁が発表した（旅客運賃等の税率等

に関する経過措置の概要）では、次のように書かれている。

事業者が、旅客運賃、映画・演劇を催す場所等への入場料金を施行日前に領収している場合において、当該対価の領収に係る課税資産の譲渡等が施行日以後に行われるときは、当該課税資産の譲渡等については、旧税率が適用されます（改正法附則5①）。

この経過措置の適用対象となる旅客運賃等の範囲は、以下のとおりです（改正令附則4①）。

①汽車、電車、乗合自動車、船舶又は航空機に係る旅客運賃（料金を含む。）

②映画、演劇、演芸、音楽、スポーツ又は見せ物を不特定かつ多数の者に見せ、又は聴かせる場所への入場料金

③競馬場、競輪場、小型自動車競走場又はモーターボート競走場への入場料金

④美術館、遊園地、動物園、博覧会の会場その他不特定かつ多数の者が入場する施設又は場所でこれらに類するものへの入場料金

（国税庁サイトより）

そして、この経過処置は、今回の2019年10月の増税にもそのまま適用されることになっている。

これを見れば運賃、映画、演劇、コンサート、スポーツ等の入場料金、競馬場、競輪場などの入場料金、美術館、遊園地、動物園、博覧会の入場料金などは、前売り券を買っておけば、消費税増税前の価格でいい、ということになる。

これを具体的に言えば、消費税増後（２０１９年10月以降）に行く旅行の費用を、消費税増税前（２０１９年9月以前）に前払いした場合は、消費税率は８％でいいのだ。

たとえば、２０２０年1月に旅行に行く場合で、２０１９年9月にその費用を全部支払っていれば、消費税は８％でいいのだ。

だから、消費税増税後の旅行は早めに計画を立てて、増税前に支払いを終えると得になる。

そして、この特例に該当するのは、電車、飛行機、バス、船などすべての交通機関でOKなのだ。航空券なども、もちろん該当する。

だから、消費税増税後に旅行をする予定の人は、**増税前にチケットを購入しておく**ことをお奨めする。

回数券、定期券も増税前に買いだめしておこう

10月の消費税増税がされれば、鉄道会社なども何らかの形での運賃引き上げを行うだろう。

だから鉄道をよく利用する方は、消費税増税時には前売り乗車券のことを、念頭においておきたい。

前項で述べた前払いの特例は、回数券や定期券なども該当する。

だから、簡単に言えば、２０１９年９月までに大量に回数券を買ったり、長期の定期券を買ったりしておけば、消費税は８％で済むわけだ。

1年分の定期券や回数券などを買えば、その２％が割引になるので、かなりの金額になるはずだ。

学生さんやサラリーマンの方は、電車やバスを利用される方も多いはずだ。この制度に該当する方は、忘れずに使いたい。

ただし、ＳＵＩＣＡなどのＩＣカードを利用する場合は、チャージするだけでは、この制度には該当しない。この制度では、消費税増税前にチケットを購入した場合のみが該当

するものなので、消費税増税前にICカードにチャージをして、消費税増税後に電車に乗ったような場合は、普通に10％の消費税がかかる。

また回数券は、列車やバスには限らない。

航空機の回数券も同様である。

なので、飛行機に乗ることが多い人や、出張の多い会社などでは、**航空機の回数券を買いだめしておく**と消費税の節税になる。国内線の航空運賃は、消費税増税後に値上げされるのかどうかは、まだはっきりしていない。

しかし、消費税増税分が価格に上乗せされる可能性は十分にあるので、航空機をよく使う人は考えておいたほうがいいだろう。

前売りチケットを活用すべし

消費税の増税時の経過措置では、遊園地などの入場料金も、消費税増税前に購入しておけば増税後に入場したとしても、8％でいいことになっている。

ディズニーランドやUSJに年に何回も行く、というような人もいるだろう。

そういう方は、**増税前に入場券を大量に買っておく**ことをお奨めしたい。

ディズニーランドの入場券は、消費税増税後に若干の値上げが検討されている。またＵＳＪもディズニーランドと呼応して値上げをする可能性が高い。

しかし、２０１９年9月30日までに購入したチケットであれば、２０１９年10月1日以降に入場するものであっても、値上げ前の料金でいいのだ。

ディズニーランドでは、日付指定の前売りチケットは3か月前から買える。

だから、クリスマスや年末などにディズニーランドに行く予定のある人は、２０１９年9月30日以前に買っておくと得をする。

またディズニーランドでは、日付指定のないオープンの前売りチケットも販売している。

これは**1年間有効**である。

このチケットも、２０１９年9月30日までに購入すれば、値上げ前の値段でいいのだ。年に何回も行く人は、9月30日までに大量購入しておくといいだろう。

ディズニーランドのファンの中には、年間チケットを購入する人もけっこういるようだが、年間チケットも２０１９年9月30日までに購入すれば、値上げ前の料金でＯＫである。

もちろんディズニーランドに限らず、としまえんでも、後楽園ゆうえんちでも同じことだ。

遊園地によく行く、というような人は要注意である。

ただし、遊園地によっては、消費税増税前後の料金の扱いが変わってくることもあるし、ここで紹介したディズニーランドも、今後、変更することもあり得る。

なので、実際に購入する際には、遊園地側に一応、確認してみよう。

映画館の入場券など

消費税の増税時の経過措置では、映画館の入場券などにも**「前売りの特例」**がある。

具体的に言えば、消費税増税後（２０１９年10月以降）に行く映画の入場券を、増税前に購入した場合は、消費税率は８％でいいことになっているのだ。

映画好きの人は、映画上映の予定を調べて、見たい映画の入場券は増税前に買っておくと得をする。

映画の料金が、消費税増税によりどうなるかは、現在のところまだ判明していない。

しかし、増税後は、いずれかのタイミングで上がりこそすれ、下がることはないと思われる。

だから、映画の前売りチケットなどは、早めに購入しておいて損はない。

また映画に限らず、演劇、美術館、水族館などの施設の入場券も該当する。演劇、コンサートなどは、相当先のものも前売り券で発売されるのが常なので、予定が決まっている人はぜひ増税前に購入しておきたい。

年末に劇を見に行きたい、などと考えている人も、早めに購入したほうがいいだろう。

スポーツ観戦のチケット

消費税の増税時の経過措置では、スポーツ観戦のチケットなども「前売り特例」がある。具体的に言えば、消費税増後の２０１９年10月以降に行くスポーツ観戦の入場券を、消費税増税前の２０１９年９月30日までに購入した場合は、消費税率は８％でいいことになっているのだ。

スポーツ観戦のチケットも、かなり前から前売りチケットが販売されることがある。野球や大相撲なども何か月も前から販売される。

消費税増税後に、野球や大相撲を観に行く予定がある人などは、ぜひ早めにチケットを購入したい。

また年間席などを、消費税増税前に購入した場合も、消費税は８％でいいことになっている。だから、熱狂的な野球ファンなどは、増税前にチケットを購入しておくべきだといえる。

ディナーショーはOKだがディナーだけはNG

消費税の増税時の経過措置では、ディナーショーも「前売り特例」の対象になっている。消費税増税後に行われるディナーショーであっても、増税前にチケットなどを購入しておけば、8％で済むのだ。

ただし、ディナーショーはOKだけれども、ディナーだけはダメとなっている。ディナーは、単なる飲食の提供なので、消費税増税後に食する場合は、前払いをしていたとしても10％となるのだ。

また、ディナークルーズの場合もダメである。

ディナーショーがいいんだから、ディナークルーズもよさそうなものだが、そこは、お堅い官庁のこと、**両者には明確に線を引いている**のだ。

メンテナンスなどは前払いをしておけば10月以降分も8％でいい

消費税の経過措置には、**「メンテナンス費用などの前払い」**も対象になっている。

具体的に言うと、コピー機械などのメンテナンスを、２０１９年９月までに１年分前払いしたときは、業者が料金を受け取ったときに売上に計上している場合は、消費税が８％でいいことになっているのだ。

本来は、メンテナンス費用なども、その時期に応じて消費税がかかる。

しかし特例により、前払い契約をして２０１９年９月までに支払いを終えている場合は、8％でいいことになっている。

契約や慣行で、１年分のメンテナンス料などを業者側が、もらったときに収益に計上している場合は、増税前の８％でいいのだ。

ただし業者側が収益に計上していることが条件なので、これは業者に問い合わせてみなければならない。

通販も前払いすれば消費税8％でいい

通信販売なども、経過措置に該当する。

たとえば、２０１９年9月までに、ネットなどで購入を申し込んでいれば、商品の受け渡しや、代金の支払いが増税後であっても8％でいい。

増税前に購入申し込みをして、その申込み通りの商品が発送されたならば、増税後に商品を受け取ったとしても、８％でいいというのだ。

なので、通信販売で欲しいものがある場合は、２０１９年9月末までに申し込むことをお奨めする。クーリングオフがあるようなものについては、とりあえず申し込んでおいて、気に食わなければ一定期間内に返せばいいのだ。

ここで注意しなくてはならないのは、対象となる通信販売というのは、テレビ、新聞、雑誌、インターネットなどで、広く販売されているものに限るということだ。そして、価格等が明確に決められているものに限る。

訪問販売など狭い範囲でしか販売されていないものや販売員により価格が変動するものなどは、含まれないので注意を要する。

通信教育も1年分前払いすれば消費税8％でいい

通信教育も消費税増税前に、前払いすれば8％でいいことになっている。

通信教育というのは、全部が商品ということなので、期間分の料金を前払いすれば、通信販売で購入したのと同じ扱いになるのだ。

たとえば、今年の10月から1年間通信教育を受けるような場合、9月の末に1年分前払いすれば、消費税は8％でいいことになっているのだ。

最近では、学習塾の代わりに通信教育を利用しているお子さんも多いようだが、ぜひこの制度を忘れずに利用したい。

もちろん大人の通信教育でも使える。英会話や趣味などを通信教育で習っている人も多いようなので、ぜひ利用してほしい。

雑誌の定期購読

通信教育などと同様に雑誌の**定期購読**なども、経過措置に該当する。

今回の消費税増税に関しては「予約販売に係る書籍等の税率等に関する経過措置」というものがあり、たとえば今年10月から1年分の雑誌を、9月の末に1年分前払いすれば、消費税は8%でいいのだ。

毎月、毎週、隔週、季刊などの定期的に発行される一般雑誌を、定期購入する場合、増税前に前払いしておけば、8%でいいということなのだ。

雑誌を定期購読している人は、忘れずに利用したい。

また雑誌を定期購読していなくても、だいたい毎号買っているような人は、これを機に定期購読にしてしまうのも手である。毎週、マンガ誌を買うのを常としているような人はけっこういるはずだ。

〝前払い〟をするときの要注意事項

これまで消費税増税前の経過措置をつかって「前払い」をする方法をいろいろ紹介してきた。

が、この〝前払い〟については、注意しなければならないことがある。

それは、各業者の「**値上げのタイミング**」である。

というのも、各業界がすべて一斉に、消費税増税時に値上げをするとは限らない。業界の中には、消費税が増税されても、それを価格に上乗せさせずに、据え置くというところもけっこうある。

本来、消費税というのは、価格に必ず上乗せされる建前になっているが、現実としては、なかなかその通りにはなっていない。

そして、もし消費税増税分を上乗せしていない場合は、「前払い」をしてもあまり意味がない、ということだ。

たとえば、美術館などの場合。

美術館などは、ほとんどが500円とか、800円とか百円単位の入場料を定めている。だから、値上げしようと思っても、10円単位ではちょっと面倒なので、今回は据え置く、というところもけっこうある。そういう美術館の前売りチケットを購入しても、意味はない、ということだ。

だから、前払いをしようと思う場合は、その業者が消費税増税後にどういう価格を取るのか（値上げするのかどうか）をきちんと把握してからにしたい。

第7章

我々の税金と社会保険料が横領されている

「社会保障費が財政赤字を膨張させた」という大ウソ

「消費税は低所得者に打撃を与える」

「消費税は金持ちの減税に充てられている」

ということを述べてきた。

が、ここまで言ってもまだ勤勉で従順な方は、こういう風に思っているのではないだろうか？

「日本は社会保障費が激増し財政赤字が膨れ上がっている」

「子孫にこれ以上、負債を残すわけにはいかないから消費税増税は仕方がない」

と。

しかし、これも大きな勘違いである。

「社会保障費のために財政赤字が膨らんだ」

というのも、財務省がよく喧伝してきたことである。これを**本気で信じている日本人**もかなり多いようだ。

が、しかし、これも、ごくごく基本的な国のデータを見れば、まったくのデタラメだということが簡単にわかってしまうのだ。

日本の財政というのは、１９９０年代初頭までは非常に安定していたのだ。

１９８８年には、なんと財政赤字を減らすことに成功しているのだ。財政赤字を減らしたということは、収入（歳入）が支出（歳出）を上回ったということである。

これは「プライマリーバランスの均衡」と言われており、先進国では最近はあまり見られないような財政の良好さなのである。この「プライマリーバランスの均衡」はしばらく続き、１９９０年代の初頭には、財政赤字は１００兆円を切っていたのだ。

が、バブル崩壊以降の90年代中盤から財政赤字は急増し、２０００年には３５０兆円を超え、２０１０年には６５０兆円を超え、現在は８５０兆円を超えている。

このデータは、政府が発表しているものなので、誰もが確認することができる。

データを見れば、財政赤字はバブル崩壊以降に急増しているものであり、１９９１年からの10年間で６００兆円も増えていることがわかる。この90年代に生じた６００兆円の財政赤字に利子がついたものが、現在の８５０兆円の財政赤字になっているのだ。

ところで、赤字国債が急増した１９９０年代、社会保障関係費というのは、毎年15兆円前後しかなかったのである。当時の税収は50兆円前後だったので、15兆円程度の社会保障費はまったく問題なく賄（まかな）えていたのだ。

だから、90年代に積みあがった600兆円の財政赤字が、「社会保障関連費のため」であるはずは絶対にないのだ。

なぜ90年代で、財政赤字が増大したか？

その答えは、**公共事業**である。

1990年代、日本は経済再生のためと称して狂ったように公共事業を行った。その額、630兆円である。

1年あたり63兆円である。このバカ高い公共事業費630兆円がそのまま赤字財政となって今の日本の重石となっているのだ。この公共事業の内容についても、筆者は強い憤りを持っているが、テーマがぼやけてしまうので本書では追及しない。

ただ、90年代に630兆円もの公共事業を行い、それが現在の財政赤字に直結しているということだけは、認識していただきたい。

それにしても、このデータを見てどうやって「財政赤字の原因は社会保障費」などと言えるのか？

「財政赤字の原因は社会保障費」

などとさんざん吹聴してきた財務省の官僚たち、大手新聞社には、ぜひこの問いに答えてもらいたい。

そして、読者のみなさんにも、ぜひ肝に銘じておいてもらいたい。財務省や大手マスコミというのは、これほど見え透いたウソを、これほど堂々とつくものなのだということを。

90年代から2000年代まで社会保障費は微増だった

現在の国債残高の原因が決して社会保障費などではないことを、もう少し詳しいデータを見て検証してみよう。

次ページの表を見て欲しい。

これは、90年代から現在までの国債発行の推移だが、近年もっとも国債発行の増加率が高い時期というのは、１９９２年から２００１年までの10年間だということがわかる。

この10年の間に歳出は急激に増加し当然、国債発行も激増した。この間に国債の発行残高は１７８兆円から３９２兆円と２１４兆円も増加している。なんと国債発行残高は２・5倍に膨れ上がっているのだ。

が、この間に、社会保障費が激増したのかというと決してそうではない。

この10年間で、トータルでも約5兆円しか増えていないのだ。

国債発行額の推移

単位：兆円

	歳出総額	社会保障費	国債発行額	国債残高
平1（1989）	65.9	10.9	6.6	161
平3（1991）	70.5	12.2	6.7	172
平4（1992）	70.5	12.7	9.5	178
平5（1993）	75.1	13.1	16.2	193
平6（1994）	73.6	13.5	13.2	207
平7（1995）	75.9	13.9	18.4	225
平8（1996）	78.8	14.3	19.5	245
平9（1997）	78.5	14.6	18.5	258
平10（1998）	84.4	15.7	34.0	295
平11（1999）	89.0	16.1	37.5	332
平12（2000）	89.3	16.8	33.0	368
平13（2001）	84.8	17.6	30.0	392
平16（2004）	84.9	19.8	35.3	499
平18（2006）	81.4	20.6	27.5	532
平20（2008）	84.7	21.8	33.2	546
平21（2009）	101.0	24.8	52.0	594
平25（2013）	100.2	29.1	40.9	744
平28（2016）	96.7	32.0	38.0	831
平30（2018）	97.7	33.0	33.7	883

しかし国債の発行残高は、この10年間で２１４兆円も増え、発行残高は一気に４００兆円に迫っているのだ。この間の２１４兆円の国債激増の理由を、たった5兆円しか増えていない社会保障費に求めるのは、どこからどう見ても計算が合わない。財務省は、社会保障費5兆円の増額分を賄うために、２１４兆円の国債を追加発行したとでもいうのだろうか？

財政赤字の正体は「大企業の減税」と「公共事業」

では、この時期、なぜこれほど国債発行額が増えているのか？

この10年間に何があったのかというと、まず大企業を中心とした**法人税の減税、高額所得者の所得税の減税**である。

そして、公共投資の大幅な拡大である。バブル崩壊以降、国や地方自治体は景気浮揚策と称して狂ったように公共事業や公共投資を行った。

そして、この10年間の２１４兆円の国債増発が、現在の８００兆円を超える国債残高の基になっているといえる。

このときの大量の国債発行により、その後は毎年の償還費や利払いなどの国債費がかさんだ。借金の返済のために借金をしなければならないようになり、2000年代以降は雪だるま式に国債発行残高が膨らんだのだ。

この92年から2001年までの国債激増の詳細を探っていくと、**平成5年と平成10年がポイント**になっていることがわかる。

表を見ればわかるが、平成5年と平成10年に、国債発行額が大きく増加している。そして、この両年に増加した国債発行額は、ギアが変わったようにそのまま高止まりしている。この両年の国債発行額の増加とその後の高止まりが、現在の巨額の国債残高の根本的な要因だといえる。

平成5年にはそれまで10兆円以下だった国債発行額が16兆2000億円に激増している。平成10年のときには、それまで10兆円台だった国債発行額が、一気に34兆円に激増している。

しかし、この両年、社会保障費はほとんど増えていない。

では何が国債発行額を引き上げたのかというと、「税収が大幅に減っているにもかかわらず、逆に歳出全体を大幅に増やした」ことが要因である。

このときにリミッターが外れた格好となり、それ以降は歳出規模が高止まりになってしまった。平成10年に30兆円を突破してからは、その後、国債発行額は毎年30兆円を超すのが当たり前のようになったのである。

そして２０００年代後半には、リーマンショックが起きたために、景気刺激策としてまた歳出が膨らんだ。

その結果、現在の８００兆円に上る国債発行残高となっているのだ。

つまり、「社会保障費の増加が、現在の巨額の国債発行を招いた」というのは、どこからどう考えてもウソなのである。

これまでさんざん、「財政赤字は社会保障費増加のせい」と吹聴してきた御用学者の方々には、ぜひこの点についてご説明願いたい。

90年代の公共事業のお粗末さ

１９９０年代の公共投資の拡大が、その後の日本のためになっているのであれば、まだ救いようがある。

が、この大規模な財政支出は、むしろ日本を破滅させる方向に使われたのである。

特に「公共事業」はひどいものだった。今の日本経済の閉塞感は、この90年代の莫大な公共事業が大きな要因の一つだとさえいえるのだ。

昨今の日本では、「公共事業を増やしさえすれば日本経済はよくなる」という「公共事業信者」ともいうべき、愚かな人々がいる。

「公共事業信者」の方々は、「公共事業を行えば経済は活性化し、賃金も上がり、景気はよくなる」と固く信じている。

しかし、不思議なことに、「公共事業信者」の方は、日本の公共事業の実態をほとんど知らない。

とにかく、「公共事業をしさえすればいい」と思っているのだ。

確かに、経済が収縮したときには公共事業を行うことで、経済が活発化することもある。また国に必要なインフラの整備をすることは、国にとって非常に大事なことでもある。だから、筆者としても、「公共事業がすべて悪」だと断罪するつもりはないし、公共事業は国にとって必ず必要なものだと思っている。

が、問題は公共事業そのものではなく、その**「質」と「量」**なのである。

ネットで暴れている「公共事業信者」は、公共事業を増やせというばかりで、公共事業の質や量、その具体的な効果を論じることはほとんどない。

つまり、日本の公共事業の実態を知らずに、机上の空論として、ただただ「公共事業を増やせば景気がよくなる」と思っているのだ。

公共事業の適正な「質」と「量」を検討したとき、90年代の日本の公共事業は、「巨額のお金をドブが埋まるほど捨てる」という愚行だったと言えるのだ。

90年代の莫大な公共事業というのは、実はアメリカとの公約が発端となっている。90年当時の日本の首相であった海部俊樹氏は、アメリカに対する公約として、今後10年間で430兆円の公共事業（国、地方、道路事業等を含む）を行うと明言していたのだ。90年代から2000年代にかけての歳出の拡大の最大の要因は、この公約のせいだといえる。

当時、アメリカは日本との貿易赤字に苦しんでおり、日本の内需を拡大するために、公共投資を増額させ、アメリカ製品をたくさん買わせようともくろんだ。

90年代初頭、日本は、歳出を歳入だけで賄える、いわゆる「プライマリー・バランスの均衡」を達成していた。

これは、先進国では珍しいことだった。

現在の日本は、赤字国債なしではやっていけない財政状況が続いており、隔世（かくせい）の感がある。

その財政バランスの取れた日本に対し、アメリカは、もっと金を使えと要求したわけだ。「他国に公共投資を強いる」というアメリカの姿勢にはもちろん問題がある。が、この公共投資の関しては、日本側の使い道が最悪だった。

その後、村山富市内閣のときに、この公約は上方修正され630兆円にまで膨らんだ。1年に63兆円を10年間、つまりは630兆円である。

630兆円というのは明らかに異常な額だ。

当時の日本の年間GDPをはるかに超える額であり、当時の**国家予算の10年分**である。当時の社会保障費の50年分以上である。

それを丸々公共事業につぎ込んだ。

いくら当時の日本政府が財政を健全化していたといっても、こんな負担に耐えられるはずがない。当然のように、あっという間に、**巨額の財政赤字**を抱える羽目になったのだ。

国は、本会計からの公共事業だけじゃなく、地方への補助金などさまざまな形で巨額の公共事業費を浪費した。それが、現在の国の巨額の借金となっていることは前述した通りである。

その一方で待機児童問題に予算は使われず

昨今の日本は、巨額の公共投資で財政赤字を積み上げるその一方で、**少子化対策**のための費用はけちりにけちってきた。

90年代には待機児童問題が表面化したが、この方面には予算はほとんど使われていないのだ。

80年代あたりから働く母親が増えているにもかかわらず、国は将来の少子高齢化を見据え保育業界を守るために保育所の新設を抑える政策を行った。そのために90年代になって目に見える形で、待機児童問題が生じたのである。

現在も待機児童問題が大きな社会問題となっているが、これは実はもう30年近く放置されてきたのである。

90年代、国は莫大な公共事業、公共投資を行ったが、待機児童問題にはほとんど予算を投じていない。いや投じてはいるが、他の公共投資に比べると、砂粒のような金額しか投じられていないのだ。

実は待機児童問題など、２０００億円も出せば簡単に解決するのだ。年に２０００億円も出せば保育所は1000か所くらいつくれるので、待機児童問題など簡単に片付くのだ。国は、90年代から毎年70兆~100兆円の予算を組んできた。2000億円はそのわずか0・2%である。そのわずか0・2%の金を出さずに、四国に橋を3本も架けるようなことをしてきたのである。

現在でも公共事業費だけで約6兆円が予算計上されているのである。しかもこの6兆円というのは、国の一般会計からの支出のみであり、特別会計、地方の会計、そのほかからの分を合わせればその数倍になる。

子供を預ける場所がなく、困っている若い夫婦が大勢いる中で、それを助ける前に、道路やダムなどの公共事業に巨額の予算を使っているのだ。

少子高齢化がこれほど進んだ日本で、育児支援よりも優先してやらなければならないことなど、そうそうないはずだ。この**最優先課題である待機児童問題**を、わずか2000億円程度出せば解決する待機児童問題を30年も放置し続け、その一方では景気対策と称して愚にもつかないことに巨額の浪費を続けてきた。

この今の日本政府には、国家歳入や歳出を任せられる能力は、まったく欠如しているといえる。

国公立大学の授業料は40倍に高騰

しかも信じられないことに、税金の大浪費をしていたこの時期、国立大学の**授業料を大幅に値上げ**しているのである。

あまり世間で注目されることはないが、現在、日本の国公立大学の授業料は、実質的に世界一高い。日本の国公立大学の授業料は入学金その他を合わせて年80万円程度である。これはイギリス、アメリカと並んで世界でもっとも高い部類になる。が、イギリス、アメリカは奨学金制度が充実しており、学生の実質的な負担はこれよりかなり小さい。日本は奨学金制度は非常にお粗末で英米とは比較にならない。実質の学生の負担としては、日本が世界一高いといっていい。

そのため日本の大学生の半数に近い90万人が、奨学金とは名ばかりの利子付きの学生ローンを背負わされている。

そして日本の大学の授業料がこれほど高くなったのは、80年代後半から2000年代にかけてなのである。

国立大学の授業料は、昭和50年には年間3万6000円だった。しかし、平成元年には

33万9600円となり、平成17年からは53万5800円にまで高騰しているのだ。

つまり、日本がもっとも税金の浪費をしていた時期に、大学の授業料が跳ね上がっているのだ。

なぜこれほど高騰したかというと、表向きの理由は、「財政悪化」である。

「少子高齢化で社会保障費がかさみ財政が悪化したために、各所の予算が削られた。その一環として、大学の授業料が大幅に値上げされた」

というのだ。

しかし、これまで述べてきたように、日本は90年代に狂ったように公共投資を濫発している。また80年代から2000年代にかけて歳出規模も大幅に拡大している。

にもかかわらず、待機児童問題には予算は使われず、大学生の予算は大幅に削られているのだ。

今の日本は少子化が進んでいて、就学人口も非常に減っている。その少ないはずの就学世代への予算を削り、愚にもつかない公共投資に巨額の浪費をしてきたのだ。

この国は、もう崩壊寸前とさえいえるだろう。皆さんが思っている以上に、**日本という国は終わりが近づいている**のである。こういう国で税金を払うのは、本当に金をドブに捨てるようなものなのだ。いや、ドブに捨てるのであれば、まだましである。この国に税金を払えば払うほど、国が崩壊するための支出に充てられるのである。

消費税の増税などとんでもない話なのだ。

社会保障費も利権の温床になっている

現在の日本の歳出の中でもっとも大きいのは社会保障関連費である。社会保障関連費は、30兆円を超えている。

深刻な少子高齢化社会を迎えている日本にとって、この社会保障関連費は非常に重要な支出である。

が、この社会保障関連費も利権の温床になっているのである。

まず一番目につくのが、キャリア官僚の天下りである。

日本の公的年金や公的保険に関してはさまざまな団体が乱立している。そして、それぞれが別個の仕組みで成り立っている。

それが、年金や保険の制度を複雑化し、「**消えた年金**」などが生じる大きな要因となっている。

なぜ「公的年金」や「公的保険」には、さまざまな団体があるのかというと、そこがキャリア官僚の天下り先になっているからである。たとえば、公務員の社会保障を管理する団体には、地方公務員共済組合、国家公務員共済組合という組織があるが、いずれもキャリア官僚が数名ずつ天下りしている。国家公務員も地方公務員も、その年金の原資というのは、100%税金である。だから公務員の年金を扱う団体というのは、当然のことながら税金を支出してつくられている。

つまり地方公務員共済組合、国家公務員共済組合も、その原資は**100%が税金**なのである。そこに天下りの席を用意しているのだから、税金で天下り先を確保しているというわけだ。

そして、この天下りの報酬は、決して安くない。一人あたり1000万円前後なのである。

公的年金の管理などは、いろんな団体が乱立するよりも一元管理したほうが、効率的で公平になるはずだ。

これまでも何度も公的年金の複雑な制度を一元化するべき、という議論が起こっている。

しかし、多数の団体をつくることで、キャリア官僚たちが天下りの席を確保しているので、これらの**団体を整理することができない**のだ。

そのために、日本の公的年金システム自体に巨大な無駄を生じさせているのだ。

「確定拠出年金」という巨大利権

公的年金が、いかにキャリア官僚に食い物にされているか、それを象徴するのが「確定拠出年金」である。

確定拠出年金とは、個人が加入して、運用まで行う「公的年金」である。

現在の公的年金だけでは、将来、年金額が不足するのは目に見えているので、個人個人で年金を積み立ててもらおうという趣旨でつくられたものだ。加入は自由で、掛け金も自分で自由に決められるもので、税制上の優遇措置もある。

昨今、国が大々的に宣伝しているので、ご存知の方も多いだろう。

実は、この確定拠出年金には大きな落とし穴がある。

手数料が異常に高いのである。

まず、確定拠出年金に入った場合、口座開設手数料として2777円払わなければならない。また毎月の手数料も数百円から数千円かかる。

この手数料の大半を実は国の機関が分捕っているのである。

口座開設手数料2777円と毎月103円の口座管理費を、国の機関である「国民年金基金連合会」という機関が徴収しているのだ。それに加えて、利用者は窓口となっている金融機関にも手数料を払わなくてはならない。

「国民年金基金連合会」に支払っているこの手数料は、なぜ取らなければならないのか、**まったく意味がわからない**。

確定拠出年金は、窓口となっている金融機関が、掛け金の預かり、運用の手続きなどすべてを行ってくれる。「国民年金基金連合」が行う業務などは事実上ない。

にもかかわらず、開設時に3000円近く、毎月103円も取っているのだ。これは、国民の年金の**ピンハネ**以外の何モノでもない。

確定拠出年金の利益の半分は手数料で取られる

確定拠出年金は、加入することによって平均で1~2万円の節税になる。しかし国と金融機関への手数料が年間数千円かかるので、節税額の半分くらいが手数料で消えてしまうのだ。

しかも、確定拠出年金は給付時にも手数料がしっかりかかってくる。給付時に取られる手数料は、給付1回につき432円である。

この国がピンハネしている手数料の受取先である「国民年金基金連合」というのは、厚生労働省などの天下り先になっている機関である。つまりは、霞が関の官僚たちの天下り先にお金を回すために、「確定拠出年金」は手数料を異常に高く設定しているのだ。

将来不足するであろう年金をおぎなうために国民が自分で年金を積み立てるようにつくった制度でさえ、役人はピンハネしているのだ。しかも、一人一人から年間1200円以上とっているわけだから、その額はかなり巨額となる。もし1000万人が加入すれば、120億円になる。

こういう仕組みは、何も確定拠出年金に限ったものではない。国民生活のあらゆる部分に及ぶ。

霞が関の官僚たちは国民にとって必要な制度をつくるとき、必ず、ピンハネする仕組みをつくって、自分たちに利益を誘導するのである。

こういう具合に、税金や年金というのは、利権がびっしり張り付いているのだ。

増税などを言い出す前に、まずは税金利権を全部整理し、国民が払いすぎている**税金や社会保険料を返還すべき**である。

そして先進国レベルの社会保障を構築するべきだ。

税金や社会保険料は、他の先進国レベルに払わされているのに、それを全部、政治家や役人、一部の人たちに持っていかれているのだ。

医療費という巨大利権

あまり報じられることはないが、実は社会保障関連費の中で、もっとも多い支出というのは「**医療費**」なのである。社会保障関連費というと高齢化社会のための年金などにたくさんお金を出しているイメージがあるが、実際はそうではないのだ。

国が支出している医療費は、社会保障関連費のうちの3割以上を占めている。

この医療費には、不審な点が満載なのである。

「国が支出している医療費」の4割強、約5兆円が後期高齢者のための支出である。高齢者が増えたから医療費がかかっているというのは理解できるが、それにしてもこれは多すぎる。

この後期高齢者医療費の細目を見ていくと、明らかにおかしい支出が目につくのだ。

というのも、日本では寝たきり老人が、200万人いると推計されている。これほど、寝たきり老人のいる国は、世界中どこにもないのである。

というより、欧米の先進国では、医療機関などには「寝たきり老人」はほとんどいないのだ。日本が高齢者大国だということを考慮しても、この数値は異常値なのである。

なぜ、日本にこれほど寝たきり老人がいるのか、というと、日本の医療現場では、「とにかく生存させておくこと」が善とされ、点滴、胃ろうなどの延命治療が、スタンダードで行われているからである。

自力で食べることができずに、胃に直接、栄養分を流し込む「胃ろう」を受けている人は、現在25万人いると推計されている。

これらの延命治療は、実は誰も幸福にしていないケースも多々ある。寝たきりで話すこともできず、意識もなく、ただ生存しているだけ、という患者も数多くいるからである。親族なども、もう延命は望んでいないという場合であっても、日本の場合、一旦、延命治療を開始すると、それを止めることが法律上なかなか難しいのだ。

「自力で生きることができなくなったら無理な延命治療はしない」

ということは先進国ではスタンダードとなっている。日本がこれを採り入れるだけで、**医療費は大幅に削減できる**はずである。

なぜ日本はそれをしないのか？

この延命治療で儲かっている民間病院が多々あるからである。そういう民間病院たちが圧力をかけ、現状の終末医療をなかなか変更させないのである。

なぜ日本は世界一病院が多いのか？

実は民間病院というのは、日本で最大の圧力団体を持っているのである。

その圧力団体の名は**「日本医師会」**である。

日本医師会は、日本で最強の圧力団体と言われているが、この団体は「医者の団体」ではなく、「開業医の団体」なのだ。この日本医師会は自民党の有力な支持母体であり、政治献金もたくさんしているので、とても強い権力を持っているのだ。

これもあまり知られていないが、日本は**異常に病院が多い国**なのである。

日本には9000近くの病院、診療所があり、これは断トツの世界一なのである。世界第2位はアメリカだが5000ちょっとしかない。

人口比で見ても、日本の病院数は異常である。

人口100万人あたりの病院数は日本は約67である。欧米の先進国の場合、もっとも多いフランスでも約52であり、アメリカなどは18しかない。つまり人口割合でみると日本はアメリカの3倍以上の病院があるのだ。

また病床数も、日本は先進国の中で断トツに多い。

なぜこれほど日本には病院が多いのか？　というと、民間病院が異常に多いからだ。日本では、全体の9割が民間病院である。

そして、なぜ民間病院が多いのかというと、民間病院には税制優遇措置や、診療報酬の優遇制度などがあり、**「儲かるから」**である。

民間病院（開業医）がどのくらい金持ちなのかは、厚生労働省のデータでもわかる。厚生労働省の「医療経済実態調査」では、開業医や勤務医の年収は、近年、おおむね次のようになっている。

開業医（民間病院の院長を含む）　約３０００万円
国公立病院の院長　約２０００万円
勤務医　約１５００万円

このように民間病院の経営医（開業医）というのは、勤務医の約倍の年収である。またこの数値は名目上の収入であり、税制上の優遇措置が考慮されていない。これを考慮すれば、開業医の実質年収は平均で４０００〜５０００万円だと推測される。

また開業医は、相続税などにも手厚い優遇制度があり子供が病院を継ぐ場合、うまくやれば相続税はかからない。「開業医の子供が何年も浪人して医学部を目指している」という話を聞いたことがある人もいるだろう。

それには、こういう背景があるのだ。

そして、ここまで民間病院（開業医）が優遇されている最大の理由が、「日本医師会」なのである。

生活保護費の50％以上は医療機関に流れている

社会保障関連費でいうと、生活保護費にも大きな利権がある。

生活保護というと、不正受給の問題ばかりがクローズアップされるが、実はもっとほかに巨大な問題があるのだ。

それは、「生活保護費の大半は、受給者の生活費に使われていない」というものである。あまり表面化することはないが、生活保護費用として税金から出されている金のうち、半分以上が医療費なのである。

昨今、生活保護費として約4兆円が支出されている。生活保護費というと、「貧困者の生活費」というイメージがある。しかしこの生活保護費のうち、半分以上は医療機関などに渡っているのだ。

これは異常なことである。

生活保護費の半分が医療費ということは、家庭の支出の半分が医療費というのと同じことである。

確かに生活保護受給者の中には、病人や身体に障害がある人も多い（病気や障害を理由に生活保護を受けている人は約3割程度）。だから、普通の家庭よりも医療費が若干、高めになることは考えられる。

しかし、いくら高めになるといっても、生活費の半分が医療費になるなどは常識では考えられない。この数値は、作為的に医療費が跳ね上がっているとしかいいようがないのである。

なぜ医療費がこれほど跳ね上がったのか？

それは生活保護のシステムが大きく関係している。

生活保護受給者の医療費というのは、全額が生活保護費から支給される。医療機関にとってみれば、請求すればした分だけ、国が払ってくれるということだ。受給者にとってもまったく負担感はない。だから、どれだけ診療費がかかろうとお構いなしである。

生活保護の受給者に対して、過剰な診療を施して、多額の診療報酬を得る**悪徳病院もかなりある**とされている。

生活保護の受給者受診する病院というのは、生活保護指定病院だけである。生活保護指定病院というのは、役所があらかじめ指定し、生活保護受給者に「この病院に行きなさい」と通知した病院である。大きな病院の多くはこの生活保護指定病院となっているが、小さな医院や歯科医などは指定を受けていないこともある。

以前は、生活保護者が受診に来るのを嫌がって、生活保護指定病院にならない病院もあったが、昨今は、病院経営も楽ではないために、積極的に指定病院になっているケースが多いという。

現在、生活保護の指定病院になるための明確な基準はなく、病院側が申請すれば、事実上、すべて指定されている。

そして前述したように、これらの指定病院の中には、過剰に診療報酬を得ているものもあるのだ。

2012年3月の厚生労働省の発表によると、生活保護受給者が必要以上に病院に通院する**「過剰受診」**は全国で3816人だったという。これは明るみになったケースだけであり、実際はその数倍はあると見られている。そしてこれが自治体の財政上の問題ともなっている。

また、２０１５年10月21日の読売新聞に次のような記事がある

生活保護の人「医療費が割高」…過剰な診療？

生活保護受給者の医療費は、国民健康保険に加入する同じ病気の患者より高くなる傾向があり、高血圧を持つ患者では１・５倍に上ったとの調査結果を、大阪大の研究班がまとめた。

国の生活保護費は3兆６０００億円を超え、その半分を医療費が占める。生活保護受給者の医療費は自己負担がないため、医療機関が過剰な診療を行っている可能性が指摘されていた。医療の適正使用の議論に一石を投じそうだ。

22日から大阪府内で開かれる日本心不全学会で発表される。調査は、２０１１年から15年5月分までの大阪府内のある市の国民健康保険（国保）に加入している約3万５０００人と、生活保護（生保）受給者約５０００人の診療報酬請求データを集計、分析したもの。

このように、悪徳病院によって、生活保護は食いものにされているのだ。

最近では、精神疾患を装って生活保護を不正受給するという手口も増えているが、その背景にも、この生活保護と医療費のシステムがあるのだ。

つまり、精神疾患の診断書を簡単に出すことによって、生活保護受給者をつくりだし、病院の「**顧客**」を増やそうという算段である。

医療機関にとって生活保護費というのは、実は**重要な収入源**になりつつある。しかも、まっとうな収入ではなく、不正な部分も多々あると見られるのだ。

なぜ雇用保険は機能していないのか？

次に雇用保険のお話をしたい。

この雇用保険も、ぎっしりと利権が絡まっており、「雇用保険」の意味すら見いだせないような状態になっている。

雇用保険というのは、解雇や倒産など、もしものときにサラリーマンを救ってもらうための保険である。この雇用保険が充実したものであれば、少々景気が悪くても、人々は生活にそれほど影響を受けないで済むはずだ。

前述したように、日本以外の先進諸国では雇用保険が充実しており、不景気がきても国民生活が大きくダメージを受けることはない。

しかし、日本の雇用保険は、不景気のときなどにはまったく役に立たないのだ。

サラリーマンにとって、雇用保険が必要な場面というのは、長年、勤務してきた会社を何らかの形で突然、辞めざるを得なくなったときのはずだ。

昨今の経済情勢では急にリストラされたり、急に会社が倒産したりすることは珍しいことではない。そして、雇用保険というのは、そういうときのためにあると言っても過言ではない。

が、日本の雇用保険は、そういうときには実は**ほとんど役に立たない**。

たとえば、20年勤務した40代のサラリーマンが、会社の倒産で失職した場合、雇用保険がもらえる期間というのは、わずか1年足らずなのだ。

今の日本の経済状況で、40代の人の職がそう簡単に見つかるものではない。にもかかわらず、たった1年の保障しか受けられないのだ。職業訓練学校に入れば支給期間が少し延びたりするなどの裏ワザはあるが、それもたかがしれている。

だから、日本では、40代以降の人が失業すれば、たちまち困窮してしまうのだ。それが90年代、2000年代の自殺率急増の要因にもなっている。

雇用保険も政治家や役人の利権になっている

なぜ日本の雇用保険が、このように役に立たないのかというと、実はとんでもない**「闇」**があるのだ。

というのも、雇用保険は、長期間働いた人にとっては非常に補償がうすい一方で、短期間働いてすぐ仕事を辞めた人には非常に厚い補償があるのだ。

信じがたいことだが、現在の日本の雇用保険では、**「半年働けば3か月分の手当がもらえる」**ようになっているのだ。

20年間働いてもたった1年間しかもらえないということは、加入期間の5%しか補償がされていないのである。が、その一方で、半年しか働いていない人は加入期間の50%も補償されるのだ。

つまり、雇用保険は、長年働いた人が突然職を失ったときには、ほとんど役に立たず、半年程度働いては辞めるような職を転々とする人が得をするようにできているのだ。

誰がどう見てもバランスが悪いし、雇用保険の意味をなしていない。

なぜ「半年働けば3か月分もらえる」というような制度があるかというと、実は農業者などに特別恩恵を与えているためにこうなってしまったのだ。

農業者などでは、農閑期だけ雇われ仕事をする、という人がけっこういる。そういう人たちに、実は雇用保険が支払われているのである。どういう理屈かというと、雇われ仕事をやめて農業をやっている期間は失業期間とみなして、3か月分の雇用保険を支払っているのである。

農業者が農業をやっている時期というのは、別に失業しているわけではない。そういう人たちが半年働いただけで3か月の雇用保険をもらえるというのは、どう見ても、雇用保険の趣旨からはずれている。

毎年、同じ職場で半年だけ働いて、雇用保険を毎年もらう、という人もいる。これは、もはや雇用保険ではなく、普通に補助金である。

しかも、この「補助金」のたちが悪いところは、表向きは雇用保険として支払われていることである。つまり、サラリーマンが毎月、汗水たらして働いて掛けている雇用保険の掛け金から、この「補助金」が支払われているのだ。

そして、この「補助金」を正当化するために、「6か月働けば3か月分の雇用保険がもらえる」というようないびつな制度をつくっているのだ。このいびつな制度を維持するためには、他の財源を削らなければならない。そのため、20年働いた人はたった1年分しか雇用保険がもらえない、という、まったく役立たずの制度ができ上がってしまったのだ。

なぜこれほど農村が優遇されているかというと、農村は、人口に比べて国会議員の議席数が多く配分されているからだ。各政党は、都市部のサラリーマンに何かをしてやるより、農村を優遇したほうが票に結びつきやすい。

だから、雇用保険では「20年働いても1年分しかもらえないのに、半年働けば3か月分もらえる」というようなアンバランスな制度になっているのだ。

つまり、政治家が農家の機嫌を取る道具として、都会のサラリーマンがせっせと働いて積み立てた雇用保険が利用されているのだ。

また雇用保険の利権を持っているのは、政治家や農業者だけではない。役人もしっかり利権を握っているのだ。

雇用保険、労災保険は、その保険の積立金から、独立行政法人「労働政策研究・研修機構」、独立行政法人「労働者健康安全機構」などの運営費を支出している。

この「労働政策研究・研修機構」「労働者健康安全機構」というのは、ざっくり言えば、厚生労働省の天下り先である。

つまりは、雇用保険、労災の財源を使って、官僚たちは天下り先を確保しているのだ。

そもそも、雇用保険や、労災というのは、労働者の雇用補償や健康補償のためにあるものだ。それが、**役人の贅沢な老後生活を維持する**ために使われているのだ。

エコカー補助金

国の税金がいかに利権にまみれているか、そのわかりやすい例を挙げたい。

それは「エコカー補助金」である。

リーマンショックの翌年の２００９年からエコカー補助金なるものが設けられたことをご記憶の方も多いだろう。

このエコカー補助金は、排ガスの低減レベルは問われず、乗用車なら条件は平成22年度燃費基準の達成だけだった。そのため、当時の人気車種トヨタのプリウスなどに、補助金対象が集中することになった。

当初は、２００９年4月から２０１０年3月31日の間で、予算３７００億円が消化されるまでという予定だった。が、反響の大きさから補助金は６３００億円に増額され、期間も２０１０年9月末までに延長された。

また２０１２年4月からは新エコカー補助金が実施された。

これは、一定の環境基準を満たす新車を購入した場合、普通車で10万円、軽自動車で7万円の補助金がもらえるという制度である。予算は２７００億円あまりが投じられ、この予算が消化した時点で終了ということだった。

このエコカー補助金では、国は計９０００億円を支出したのである。

待機児童予算の2倍以上だったエコカー補助金！

筆者はエコカーが普及することに、異論はない。

環境に優しい車が増えるほうが、社会にとって好ましいのは間違いない。

だが、なぜ、この時期、このような巨額の補助金を自動車のために支出するのか、ということには、大きな疑問を持たざるを得ない。

エコカーを買えるのは、そこそこ金を持っている層であり、本当に困っている人たちではない。

リーマンショック当時、職を失い「**本当に困っている人**」は大勢いたのである。当時、完全失業率は5％を超えていた。彼らのうちには、にっちもさっちもいかなくなり死を選ぶ人も多かった。自殺者数も年間3万人を超えており、世界でも有数の自殺大国となっていたのだ（現在もかなりの自殺大国ではある）。

そういう人たちを助けずに、なぜエコカーに巨額の税金を使ったのか？

最大の要因は「政治献金」にあるといえる。

自民党への政治献金が多い企業団体のランキングでは、一般社団法人日本自動車工業会が1位で、2位がトヨタである。

この順位は、長らく変わらない。日本自動車工業会が毎年6000万〜8000万円、トヨタが毎年5000万円程度、自民党に献金している。自民党にとって、自動車メーカーは最大のスポンサーなのである。

その自動車業界に対して、巨額の補助金をばら撒くというのは、なんとわかりやすい金権政治なのだろうか？

たかだか1億数千万円程度の献金で、日本全体の予算が変えられてしまうのである。日本の政治とはなんと貧弱なものなのだろうか、ということである。

しかも、あろうことか、トヨタはこの補助金が終了すると、期間工を1万1000人も解雇してしまった。この補助金は、失業対策などにはまったくなっていなかったのだ。

失業対策もそうだが、ほかにも日本には、対策を急がねばならない事項が目白押しのはずだ。

たとえば、待機児童問題。

近年の日本では少子化で子供が減っているにもかかわらず、保育施設の数が圧倒的に足りていないことは、前述の通りである。

エコカー補助金が行われていた2009年当時、待機児童関連に使われていた予算は4000億円程度である。エコカー補助金は、その2倍以上にもなる9000億円が使われたのである。

しかも、現在も、政府は「**景気刺激策**」と称して、特定の業界などに年間10兆円前後の税金をばら撒き続けている。

こういうことをしているから、待機児童問題はいつまでも解決せず、貧富の格差は拡大し続け、大企業だけが肥え太るという状態になってしまうのだ。

格差社会も、少子高齢化も、**すべて人災**なのである。失政のせいなのである。

この政治システムの巨大な欠陥を、まったく改善もせずにこのまま増税などをしていいはずがないのだ。

おわりに

「これ以上、消費税が増税されれば日本は本当に壊れてしまう」

筆者はそういう危惧感で本書を執筆した。

消費税の増税をする前に、日本はやらなければならないことが山ほどある。

まず、歳出の整理である。

本文で述べたように、ここ数十年の日本は本当に必要な経費を大幅削減したり、まったく必要のないところに湯水のように税金を使ってきた。

しかも、政治家も官僚もそのことについて一片の反省もしておらず、いけしゃあしゃあと「財政赤字は社会保障費のせい」などと抗弁し、さらなる消費税の増税を国民に求めているのである。

今の日本は、経済社会全体が利権でがんじがらめになっており、税金の大半もその利権の網にすくい取られ、本当に国民に必要な部分にまったくお金が行っていない。

その恐ろしく無駄だらけの歳出構造を、大掛かりに洗い直す必要がある。

かつての民主党の「事業仕分け」のような、付け焼刃の政治ショーではなく、日本の第一線で活躍している経済のプロ、会計のプロを招き、強力な権限を与えて2~3年かけて徹底的に利権構造をぶち壊すしかない。今のままでは、我々は税金を払えば払うほど、利権者を潤すだけであり、日本が衰退していくだけなのである。

そして、次にしなければならないのは賃金の上昇である。

日本はバブル崩壊以降、20年にわたって賃金が下がり続けてきた。

先進国の中で、この20年間で給与が下がっているのは、ほぼ日本だけなのだ。この20年間で、先進国はどこの国でもリーマン・ショックを経験し、同じように不景気を経てきた。でも、OECDの統計によると、先進国はどこの国も、給料は上がっている。

EUやアメリカでは、20年前に比べて平均収入が30ポイント以上も上がっている。一方、日本は20ポイントも給料が下がっているのだ。

つまり欧米と比べれば、相対的に50ポイントも給料が低いのだ。

安倍政権になって若干、賃金は上げられたが、この20年間下げられてきた分に比べれば**焼け石に水**である。

この賃金の引き下げこそが、長い間、日本に閉塞感をもたらした**最大の元凶**である。

賃金が下がるということは、日本社会全体の財布のヒモが堅くなるということである。当然、消費は減り、景気は悪くなる。実際に、日本の20年を見ると、その通りの状況になっているのだ。だから企業業績自体は決して悪くないのに、日本社会がこれほど停滞感に包まれているのだ。

日本企業は、世界一の内部留保金、手元資金を抱えており、賃上げの資金は十二分にある。そして賃上げを行えば、その分、消費が増える。

もし、10%の賃上げを行えば、かなりの消費増が期待でき、非常に大きな好景気をもたらすはずだ。つまり、企業にもちゃんと戻ってくるはずなのだ。

というより、この20年間、日本企業は賃金をケチってきたために、日本社会全体の消費を冷え込ませ、市場を縮小させ、自分の首を絞めてきたのだ。だから無理な海外展開を行わざるをえず、東芝のように海外で足元をすくわれるような事態まで生じてしまっているのだ。

まず、**日本の市場を大事にする**。賃金をきちんと支払って、日本の市場を拡大させ、日本で儲ける。日本企業としては、それがもっとも安全で確実な収益策なはずだ。

そしてなにより、今のような20年前よりも20ポイントも賃金が下がっている状態で消費税を上げれば、日本経済に壊滅的なダメージを与えてしまうはずである。

政治家は大企業を説得するか法整備をするなどで、2〜3年で賃金を10％以上増加させるべきだ。日本の大企業は、その程度の資金は十二分に持っているのだ。それでも、この20年で下がった分を取り戻すことはできない程度であるし、欧米のこの20年の賃金上昇には到底追いつかない。だから、これは今の日本経済が「最低限度やらなければならないこと」であり、これを達成した後は、欧米並みのコンスタントな賃金上昇が求められる。

三つ目に、**大企業と富裕層の税金の抜け穴をふさぐ**ことである。

本文でも述べたように、日本の大企業や富裕層は、名目上の税率は決して低くはない。先進国としては、やや高めに設定されている。しかし、抜け穴がたくさんあるために、実質的な税負担は驚くほど低い。

大企業や富裕層の税金の抜け穴は、多岐で複雑になっており、これを全体的に把握している者は、おそらくいないのではないだろうか？　財務省でも、これを包括的に整理把握しているデータなどは存在していないと思われる。

これも、民間から専門家を招き、国民が納得する人選で「第三者委員会」的なものをつくり、税金の抜け穴を整理、解消させる必要がある。

そして、大企業や富裕層に、せめて先進国の平均レベルくらいの税負担を負わせるべきである。

ここに挙げた三つのことは、日本という国が、今後、当たり前に存続していくためには、最低限度必要なことだと思われる。

そして、これらのことをきちんと行えば、消費税増税の必要性などまったくなくなるはずだ。

本書は「消費税を払う奴はバカ！」という、いささか不謹慎なタイトルである。

このタイトルには、二つの意味が込められている。

一つは、消費税というのはこの世でもっとも醜悪な税金であり、納めれば納めるほど国が悪くなる。だから、なるべく消費税を払わない努力をするべき、ということである。

もう一つは、この醜悪な税金をつくったのは誰か？　ということを問いかけるという意味である。

本文で述べたように、消費税を考え出したのは財務省であり、自分の目先の利益しか考えていない政治家、財界、新聞社などがそれに乗っかって成立したものである。直接の責任は、**財務省、政治家、財界、新聞社**などにある。

が、消費税の創設を許してしまったのは、我々国民である。

日本人というのは、根本の部分で、為政者や指導者を信用している。根がお人好しなのである。為政者や指導者たちのスキャンダルを暴いたりすることは大好きだが、本質的に「まあ、そうは言っても、国のことをちゃんと考えてやってくれているはず」と信じ込んでいる。

が、それは大きな間違いである。

国の為政者や指導者が常に優秀で、国のことをちゃんと考えてくれているとは限らない。そして為政者や指導者というのは、常に国民がチェックを入れていなければ、堕落してしまう存在なのである。

我々国民は、そのチェックをおざなりにしてきた。そのツケが、現代日本に深刻な少子高齢化社会を到来させ、消費税という醜悪な怪物を生じさせたのである。

我々は、指導者任せにしないで、自分たちの国の将来のことや、税金、年金のことをきちんと考えなくてはならない。そのためには、まず税金や財政の実態をきちんと知っていかなければならない。

税金や財政の実態を、世間にきちんと知らしめてこなかったことは、筆者を含めたメディアの責任も大きい。

その罪滅ぼしと、せめて世間の方が税金のことを知る一助になってほしいという願いのもとに、本書を執筆した次第である。

この国は今、本当に**存亡の危機**に立っている。

このままいけば、人口動態から見ても確実に衰退するのである。

最後にビジネス社の唐津氏をはじめ本書の制作に尽力いただいた方にこの場をお借りして御礼を申し上げたい。

日本が国家機能を大点検し、これまでの殻をすべて洗い落とし、公正で夢のある社会になることを祈念しつつ

２０１９年夏　　著者

著者略歴

大村大次郎（おおむら・おおじろう）

大阪府出身。元国税調査官。国税局で10年間、主に法人税担当調査官として勤務し、退職後、経営コンサルタント、フリーライターとなる。執筆、ラジオ出演、フジテレビ「マルサ‼」の監修など幅広く活躍中。主な著書に『消費税という巨大権益』『完全図解版　税務署員だけのヒミツの節税術』『ほんとうは恐ろしいお金のしくみ』『相続税を払う奴はバカ！』『お金で読み解く明治維新』『アメリカは世界の平和を許さない』『99％の会社も社員も得をする給料革命』『世界が喰いつくす日本経済』『ブッダはダメ人間だった』『「見えない」税金の恐怖』『完全図解版　あらゆる領収書は経費で落とせる』『税金を払う奴はバカ！』（以上、ビジネス社）、『「金持ち社長」に学ぶ禁断の蓄財術』『あらゆる領収書は経費で落とせる』『税務署員だけのヒミツの節税術』（以上、中公新書ラクレ）、『税務署が嫌がる「税金0円」の裏ワザ』（双葉新書）、『無税生活』（ベスト新書）、『決算書の9割は嘘である』（幻冬舎新書）、『税金の抜け穴』（角川oneテーマ21）など多数。

消費税を払う奴はバカ！

2019年８月15日　第１刷発行

著　者　大村 大次郎
発行者　唐津 隆
発行所　株式会社ビジネス社
〒162-0805　東京都新宿区矢来町114番地 神楽坂高橋ビル5階
電話　03(5227)1602　FAX　03(5227)1603
http://www.business-sha.co.jp

印刷・製本　大日本印刷株式会社
〈カバーデザイン〉金子眞枝
〈本文組版〉茂呂田剛（エムアンドケイ）
〈編集担当〉本田朋子
〈営業担当〉山口健志

ISBN978-4-8284-2121-6

大村大次郎の本

完全図解版 税務署員だけのヒミツの節税術 あらゆる領収書は経費で落とせる【確定申告編】

定価　本体1200円＋税
ISBN978-4-8284-2067-7

税務署が教えない裏ワザ満載！

確定拠出年金や医療費控除など会社員も自営業も確定申告を知らなすぎる！この裏ワザで誰もが税金を取り戻せます。

税金を払う奴はバカ！ 搾取され続けている日本人に告ぐ

定価　本体1000円＋税
ISBN978-4-8284-1758-5

脱税ギリギリ!?

元国税調査官が教えるサラリーマン、中小企業主、相続人のマル秘節税対策! こんな国には税金を払わなくていい!

完全図解版 あらゆる領収書は経費で落とせる

定価　本体1200円＋税
ISBN978-4-8284-1801-8

経費と領収書のカラクリ最新版！

中小企業経営者、個人事業主は押さえておきたい経理部も知らない経費と領収書の秘密をわかりやすく解説。

ほんとうは恐ろしいお金（マネー）のしくみ 日本人はなぜ金持ちになれないのか

定価　本体1300円＋税
ISBN978-4-8284-2063-9

自転車操業と化した資本主義の不都合な真実

「通貨のしくみ」は17世紀ヨーロッパの悪徳商人によって作られた！　貧困、格差、紛争、環境破壊……人類に災いをもたらす資本主義の欠陥とは？